KB106964

朝鮮總督府 編纂

『初等國語讀本』原文 上

김순전 · 박제홍 · 장미경 · 박경수 · 사희영

編

제이앤씨
Publishing Company

初等國語讀本　卷一
朝鮮總督府

初等國語讀本　卷二
朝鮮總督府

初等國語讀本　卷三
朝鮮總督府

初等國語讀本　卷四
朝鮮總督府

≪ 總 目 次 ≫

序 文

1. 조선총독부 편찬 『初等國語讀本』
   원문서 발간의 의의

베네딕트 앤더슨은 '국민국가'란 절대적인 존재가 아니라 상대적인 것으로, '상상된 공동체'라 하였으며, 이러한 공동체 안에서 국민국가는 그 상대성을 극복하기 위하여 학교와 군대, 공장, 종교, 문학 그 밖의 모든 제도와 다양한 기제들을 통해 사람들을 국민화 하였다. '근대국가'라는 담론 속에서 '국민'이란 요소는 이미 많은 사람들에 의해 연구되어져 왔고, 지금도 끊임없이 연구 중에 있다. 근대 국민국가의 이러한 국민화는 '국가'라는 장치를 통해 궁극적으로는 국가의 원리를 체현할 수 있는 개조된 국민을 이데올로기 교육을 통하여 만들어 내는 데 있다.

교과서는 무릇 국민교육의 정화(精華)라 할 수 있으며, 한 나라의 역사진행과 불가분의 관계를 가지고 있다. 따라서 교과서를 통하여 진리탐구는 물론, 사회의 변천 또는 당시의 문명과 문화 정도를 파악할 수 있다. 무엇보다 중요한 것은 한 시대의 역사 인식 즉, 당시 기성세대는 어떤 방향으로 국민을 이끌어 가려 했으며, 그 교육을 받은 세대(世代)는 어떠한 비전을 가지고 새 역사를 만들어가려 하였는지도 판독할 수 있다. 이렇듯 한 시대의 교과서는 후세들의 세태판독과 미래창조의 설계를 위한 자료적 측면에서도 매우 중요하다 생각된다.

이에 일제강점기 조선의 초등학교에서 사용되었던 朝鮮總督府 編纂 『初等國語讀本』의 원문서를 발간하는 일은 한국근대사 및 일제강점기 연구에 크게 기여할 수 있는 필수적 사항이라 할 수 있을 것이다. 이는 그동안 사장되었던 미개발 자료의 일부를 발굴하여 체계적으로 정리해 놓는 출발이며 한국학(韓國學)을 연구하는데 필요한 자료를 제공함은 물론, 나아가서는 1907년부터 1945년 8월까지 한국에서의 일본어 교육과정을 알 수 있는 자료적 의미도 상당하다. 특히 1960년대부터 시작된 한국의 일본학 연구는 1990년경에 연구자들에 회자되었던 '한국에서 일본연구의 새로운 지평열기'에 대한 하나의 방향 및 대안 제시로 볼 수도 있을 것이다.

지금까지 우리는 "일본이 조선에서 어떻게 했다"는 개괄적인 것은 수없이 들어왔으나, "일본이 조선에서 이렇게 했다"는 실제를 보여준 적은 지극히 드물었다. 이는 '먼 곳에 서서 숲만 보여주었을 뿐, 정작 보아야 할 숲의 실체는 볼 수 없었다.' 는 비유와도 상통하며, 때문에 그러한 것들의 대부분이 신화처럼 화석화되었다 해도 과언이 아닐 것이다.

따라서 일제강점기 조선아동용 일본어 입문 교과서인 『初等國語讀本』에 대한 재조명은 '일본이 조선에서 일본어를 어떻게 가르쳤는가?'를 실제로 보여주는 작업으로, 이 시대를 사는 우리들이 과거 긴박했던 세계정세의 흐름을 통하여 오늘날 급변하는 세계에 대처해 나갈 능력을 키울 수 있으리라고 본다. 이를 기반으로 일제의 식민지정책의 변화 과정과 초등교과서의 요소요소에 스며들어 있는 일본문화의 여러 양상을 중층적 입체적 구체적으로 파악하고, 새로운 시점에서 보다 나은 시각으로 당시의 모든 문화와 역사, 나아가 역사관을 구명할 수 있는 기초자료로 활용되기를 기

대한다.

2. 근대 조선의 일본어 교육

1) 일본의 '國語' 이데올로기

근대에 들어와서 국가는 소속감, 공통문화에 대한 연대의식과 정치적 애국심을 바탕으로 강력한 국민국가의 형태로 나타나게 되었고, 외세의 침입으로부터 국가를 보호하기 위해 국민을 계몽하고 힘을 단합시키는데 국가적 힘을 결집하게 된다. 그리고 국가가 필요로 하는 국민을 만들기 위해 공교육제도를 수립하고, 교육에 대한 통제를 강화하여 교육을 국가적 기능으로 편입시키게 된다.

국가주의는 국민(nation)의 주체로서 구성원 개개인의 감정, 의식, 운동, 정책, 문화의 동질성을 기본으로 하여 성립된 근대 국민국가라는 특징을 갖고 있다. 국가주의의 가장 핵심적인 요소는 인종, 국가, 민족, 영토 등의 객관적인 것이라고 하지만 公用語와 문화의 동질성에서 비롯된 같은 부류의 존재라는 '우리 의식'(we~feeling) 내지 '自覺'을 더욱 중요한 요인으로 보는 것이 일반적이다. 여기에서 더 나아가 '우리 의식'과 같은 국민의식은 국가를 위한 운동, 국가 전통, 국가 이익, 국가 안전, 국가에 대한 사명감(使命感) 등을 중시한다. 이러한 국민의식을 역사와 문화 교육을 통하여 육성시켜 강력한 국가를 건설한 예가 바로 독일이다. 근대 국민국가의 어떤 특정한 주의, 예를 들면 독일의 나치즘(Nazism), 이탈리아의 파시즘(Fascism), 일본의 쇼비니즘(Chauvinism)은 맹목적인 애국주의와 국수주의적인 문화, 민족의식을 강조하고, 이러한 의식을 활용하여 제국적인 침략주의로 전락하고 있는 것도 또 하나의 특징이다.

이데올로기(Ideology)란 용어는 Idea와 Logic의 합성어로서 창의와 논리의 뜻을 담고 있다. 엥겔스(Engels)와 막스(Marx)의 이념 정의를 요약하면, "자연, 세계, 사회 및 역사에 대해 가치를 부여하고 그 가치성을 긍정적, 부정적으로 평가하는 동의자와 일체감을 형성하여 그 가치성을 행동으로 성취하는 행위"[1]라는 것이다. 따라서 이데올로기란 '개인의 의식 속에 내재해 있으면서도 개인의식과는 달리 개인이 소속한 집단, 사회, 계급, 민족이 공유하고 있는 〈공동의식〉, 즉 〈사회의식〉과 같은 것'이라 할 수 있다.

메이지유신 이후 주목할 만한 변화를 보면, 정치적으로는 1873년 〈徵兵令〉이 최초로 제정되어 국민의 병역의무를 부가하여 〈國民皆兵制〉(1889)를 실시하였고, 〈皇室典範〉(1889)이 공포되어 황실숭상을 의무화하는가 하면, 〈大日本帝國憲法〉(1889)이 반포되어 제국주의의 기초를 마련한다. 교육적으로는 근대 교육제도(學制, 1872)가 제정 공포되고, 〈敎育勅語〉(1890)와 기미가요(君が代)(1893) 등을 제정하여 제정일치의 초국가주의 교육체제를 확립하였으며,[2] 교과서정책 또한 메이지 초기 〈自由制〉, 1880년 〈開申制(届出制)〉, 1883년 〈認可制〉, 그리고 1886년 〈檢定制〉를 거쳐, 1904년 〈國定敎科書〉 정책으로 규제해 나간다.

일본어의 '母語 = 國語' 이데올로기는 우에다 가즈토시(上田萬年)의 주장에 의해 보다 구체화 되었다.

그러나 그 중핵은 학습에 의해서만 습득할 수 있는 극히 인위적인 언어였음에도 불구하고 근대일본의 여러 제도(교육, 법률, 미디어 등)는, 이 口語에 의해 유지되어, '母語 = 國語' 이데올로기로 확대 재생산되기에 이르렀으며, 오늘날에도 '일본어 = 국어'는 일본인에 있어서 대단히 자명한 사실인 것처럼 받아들여지고 있다.

---

1) 高範瑞 외 2인(1989), 『現代 이데올로기 總論』, 학문사, pp.11~18 참조.
2) 黃惠淑(2000), 「日本社會科敎育의 理念變遷硏究」, 韓國敎員大學校 博士學位論文, p.1

2) 강점 이후 조선의 교육제도와 일본어 교육

일본은 국가신도(國家神道)를 통하여 일본인과 조선인에게 천황신성사상의 이데올로기를 심어주려 하였다. 만세일계의 황통이니, 팔굉일우(八紘一宇)니, 국체명징(國體明徵)이니, 기미가요 등으로 표현되는 천황에 대한 충성심, 희생정신이 일본국가주의의 중심사상으로 자리 잡게 된 것이다.

명령과 절대복종식의 도덕성과 충군애국사상을, 교육을 통해서 심어주고자 한 국가주의에 의한 일본식 교육이 식민지 조선이라는 식민지의 특수한 상황에서 풍속미화의 동화정책 중에서도 가장 기본적인 수단으로 중요시되었다. 이는 말과 역사를 정복하는 것이 동화정책의 시작이요 완성이라는 의미이다.

1910년 8월 29일 공포한 메이지천황의 합병에 관한 조서(詔書)에 의해 정치적 교육적 식민통치가 시작되었다. 다음은 조서의 주요 내용이다.

> 짐은 동양의 평화를 영원히 유지하고 제국의 안전을 장래에 보장할 필요를 고려하여······조선을 일본제국에 합병함으로써 시세의 요구에 응하지 않을 수 없음을 염두에 두어 이에 영구히 조선을 제국에 합병하노라···3)

일제는 한일합방이 이루어지자, 〈大韓帝國〉을 일본제국의 한 지역으로 인식시키기 위하여 〈朝鮮〉으로 개칭(改稱)하였다. 그리고 제국주의 식민지정책 기관으로 〈朝鮮總督府〉를 설치하고, 초대 총독으로 데라우치 마사타케(寺內正毅, 이하 데라우치)를 임명하여 무단정치와 제국신민 교육을 병행하여 추진하였다. 따라서 일제는 조선인 교육정책의 중점을 '점진적 동화주의'에 두고 풍속미화(풍속의 일본화), 일본어 사용, 국정교과서의 편

---

3) 敎育編纂会(1964), 『明治以降敎育制度発達史』第十卷, p.41 ; 朝鮮敎育硏究會(1918), 『朝鮮敎育者必讀』, pp.47~48 참조

찬과 교원양성, 여자교육과 실업교육에 주력하여 보통교육으로 관철시키고자 했다. 특히 일제 보통교육 정책의 근간이 되는 풍속미화는 황국신민의 품성과 자질을 육성하기 위한 것으로 일본의 국체정신에 대한 충성, 근면, 정직, 순량, 청결, 저축 등의 습속을 함양하는데 있었다.4) 일본에서는 이를 〈통속교육위원회〉라는 기구를 설치하여 사회교화라는 차원에서 실행하였는데, 조선에서는 이러한 사회교화 정책을, 보통학교를 거점으로 구상한 점이 일본과 다르다고 할 수 있다.

조선총독부는 한국병합 1년 후인 1911년 8월 24일 〈朝鮮敎育令〉을 공포함으로써 교육령에 의한 본격적인 동화교육에 착수하였다. 초대 조선총독 데라우치의 교육에 관한 근본방침에 근거한 〈朝鮮敎育令〉은 全文 三十條로 되어 있으며, 그 취지는 다음과 같다.

> 조선은 아직 일본과 사정이 같지 않아서, 이로써 그 교육은 특히 德性의 함양과 일본어의 보급에 주력함으로써 황국신민다운 성격을 양성하고 아울러 생활에 필요한 지식 기능을 교육함을 本旨로 하고 (중략) 조선이 제국의 隆運에 동반하여 그 慶福을 만끽함은 실로 후진 교육에 중차대한 조선 민중을 잘 유의시켜 각자 그 분수에 맞게 자제를 교육시켜 成德 達才의 정도에 따라야 할 것이며, 비로소 조선의 민중은 우리 皇上一視同仁의 鴻恩을 입고, 一身一家의 福利를 享受하고 人文 발전에 공헌함으로써 제국신민다운 열매를 맺을 것이다.5)

데라우치가 제시한 식민지 교육에 관한 세 가지 방침은, 첫째, '조선인에 대하여 〈敎育勅語〉(Imperial rescript on Education)의 취지에 근거하여 덕

---

4) 정혜정·배영희(2004), 「일제강점기 보통학교 교육정책연구」, 『敎育史學 硏究』, 서울대학교 敎育史學會, p.166 참고
5) 조선총독부(1919. 1), 『朝鮮敎育要覽』, p.21

육을 실시할 것' 둘째, '조선인에게 반드시 일본어를 배우게 할 것이며 학교에서 敎授用語는 일본어로 할 것' 셋째, '조선인에 대한 교육제도는 일본인과는 별도로 하고 조선의 時勢 및 民度에 따른 점진주의에 의해 교육을 시행하는 것'이었다.

이에 따라 교사의 양성에 있어서도 〈朝鮮敎育令〉에 의하여, 구한말 고종의 〈교육입국조서〉의 취지에 따라 설립했던 기존의 '한성사범학교'를 폐지하고, '관립고등보통학교'와 '관립여자고등보통학교'를 졸업한 자를 대상으로 1년간의 사범교육을 실시하여 배출하였다. 그리고 부족한 교원은 경성고등보통학교와 평양고등보통학교에 부설로 수업기간 3개월의 임시교원 속성과를 설치하여 〈朝鮮敎育令〉의 취지에 맞는 교사를 양산해 내기에 이른다.

〈제1차 조선교육령〉(1911)에 의거한 데라우치의 교육방침은 "일본인 자제에게는 학술, 기예의 교육을 받게 하여 국가융성의 주체가 되게 하고, 조선인 자제에게는 덕성의 함양과 근검을 훈육하여 충량한 국민으로 양성해 나가는 것"6)을 식민지 교육의 목표로 삼았다. 이러한 교육목표에 의하여 일상생활에 '필수(必須)한 知識技能을 몸에 익혀 실세에 적응할 보통교육을 강조하는 한편, 1911년 11월의 「일반인에 대한 유고(諭告)」에서는 '덕성의 함양'과 '일본어 보급'을 통하여 '신민양성의 필요성'을 역설하기도 했다. 이에 따른 보통학교의 교육연한은 보통학교 3~4년제, 고등보통학교 4년제, 여자고등보통학교 3년제로 정해졌으며, 이를 〈朝鮮敎育令〉(이하, 조선교육령)에 명시하였는데, 이는 일본인학교의 교육연한과 다른 교육정책(1912년 3월 府令 제44호, 45호에 의하여 일본인 초등학교 6년제, 중학교 5년제, 고등여학교 5년제)으로, 당시의 교육제도는 복선형 교육제도였음을 알 수 있다.7) 〈제1차 조선교육령〉의 〈보통학교시행규칙〉에 의한 보통학

---

6) 정혜정·배영희(2004), 앞의 논문, p.167
7) 朝鮮敎育會(1935), 『朝鮮學事例規』, pp.409~410 참조

교 교과목과 교과과정, 그리고 수업시수를 〈표 1〉로 정리하였다.

〈표 1〉〈제1차 조선교육령〉 시기 보통학교 교과과정과 주당 교수시수(1911~1921)8)

과목＼학년	1학년 과정	시수	2학년 과정	시수	3학년 과정	시수	4학년 과정	시수
수신	수신의 요지	1	좌동	1	좌동	1	좌동	1
국어	독법, 해석, 회화, 암송, 받아쓰기, 작문, 습자	10	좌동	10	좌동	10	좌동	10
조선어及한문	독법, 해석, 받아쓰기, 작문, 습자	6	좌동	6	좌동	5	좌동	5
산술	정수	6	좌동	6	좌동, 소수, 제등수, 주산	6	분수, 비례, 보합산, 구적, 주산	6
이과					자연계의 사물현상 및 그의 이용	2	좌동, 인신 생리 및 위생의 대요	2
창가	단음창가	3	좌동	3	좌동	3	좌동	3
체조	체조, 보통체조				좌동		좌동	
도화	자재화				좌동		좌동	
수공	간이한 세공				좌동	2	좌동	2
재봉及수공	운침법, 보통의류의 재봉, 간이한 수예		보통의류의 재봉법, 선법, 간이한 수예		좌동 및 의류의 선법		좌동	
농업초보					농업의 초보 및 실습		좌동	
상업초보					상업의 초보		좌동	
계		26		26		27		27
국어/전체시수(%)		38		38		37		37

〈표 1〉에서 알 수 있듯이 1, 2학년의 교과목에는 수신, 국어, 조선어及한문, 산술, 창가에 시수를 배정하였으며, '체조', '도화', '수공'과 '재봉及수공(女)'과목은 공식적으로 시수를 배정하지 않았다. 그러나 교과과정을 명시

---

8) 〈표 1〉은 김경자 외 공저(2005), 『한국근대초등교육의 좌절』, p.77을 참고하여 재작성하였음.

하여 교사의 재량 하에 교육과정을 이수하게 하였다. 그리고 3, 4학년과정에서 '조선어及한문'을 1시간을 줄이고 '수공'에 2시간을 배정함으로써 차츰 실용교육을 지향하고 있음을 보여준다.

가장 주목되는 것은, '國語(일본어)' 과목이 타 교과목에 비해 압도적인 시수와 비중을 차지하고 있다는 점이다. 특히 언어교육이란 지배국의 이데올로기를 담고 있기 때문에 일본어교육은 일제가 동화정책의 출발점에서 가장 중요시하였던 부분이었다. 〈표 1〉에서 제시된 '國語' 과목의 주된 교과과정은 독법, 회화, 암송, 작문, 습자 등으로 일본어교육의 측면만을 드러내고 있다. 그런데 교과서의 주된 내용이 일본의 역사, 지리, 생물, 과학을 포괄하고 있을 뿐만 아니라, 일본의 사상, 문화, 문명은 물론 '실세에 적응할 보통교육' 수준의 실용교육에 까지 미치고 있어, 식민지교육을 위한 종합교과서격인 '國語' 교과서만으로도 이 모든 과정을 학습하도록 되어 있다. 때문에 40%에 가까운 압도적인 시수를 배정하여 집중적으로 교육하였음을 알 수 있다.

3) 3·1운동과 〈제2차 조선교육령〉 시기의 일본어 교육

데라우치에서 육군대장 하세가와 요시미치(長谷川好道)총독으로 계승된 무단통치는 조선인들로부터 반일감정을 고조시켰으며, 마침내 〈3·1독립운동〉이라는 예상치 못한 결과를 초래했다.

경찰을 동원한 강력한 무단통치에 항거하는 의병과 애국계몽 운동가들을 무자비하게 탄압하고, 민족고유문화의 말살과 경제적 침탈의 강화로 대부분의 조선민족은 생존에 심각한 위협을 느꼈다. 게다가 민족자본가 계급은 민족자본의 성장을 억제할 목적으로 실시된 〈회사령(会社令)〉(1910)으로 큰 타격을 받았으며, 농민의 경우 집요하게 실시된 토지조사사업(1910~18)으로 인하여 극히 일부 지주층을 제외하고는 빈농 또는 소작농으로 전락하기에 이르렀다. 자본가, 농민, 노동자 등 사회구성의 모든 계층이 그간의 식민통치 피해를 직접적으로 체감하게 되면서 민중들의 정치, 사회 의식이 급격히 높아져 갔다.

때마침 1918년 1월 미국의 윌슨대통령이 전후처리를 위해 〈14개조평화 원칙〉을 발표하고 민족자결주의를 제창함에 따라, 만주를 시작으로 일본 에서도 조선독립운동이 시작되었다. 동년 말 만주 지린의 망명 독립운동가 들에 의한 〈무오독립선언〉과 이듬해 2월 일본의 조선유학생이 중심이 된 〈2·8 독립선언〉이 그것이다. 여기에 고종의 독살설이 계기가 되어 지식 인, 종교인들이 조선독립의 불길을 지피게 되자, 삽시간에 거족적인 항일 민족운동으로 번져나갔던 것이다.

이같은 〈3·1 독립운동〉은 급기야 상해임시정부가 수립되는 성과와 일 제의 무단통치를 종결시키게 되는 계기가 되었다.

이후 조선총독정치의 재편과 문화통치의 실시에는 당시 일본 수상이었 던 하라 다카시(原敬)의 아이디어가 많이 작용했다. 하라 다카시는 한반도 에서의 독립만세운동을 접한 후 조선통치방법에 변화를 시행할 필요를 느 끼고 조선총독부 관제를 개정함과 동시에 새로운 인사조치를 단행했다. 그리하여 하세가와(長谷川)총독의 사표를 받고, 이어 제 3대 총독으로 사 이토 마코토(斎藤實)를 임명하여 문화정치를 표방하면서 조선인의 감정을 무마하려고 하였다. 새로 부임한 사이토는 1919년 9월 3일 새로운 시정방 침에 대한 훈시에서 "새로운 시정방침이 천황의 聖恩에 의한 것"이라고 전 제하고 "內鮮人으로 하여금 항상 동포애로 相接하며 공동협력 할 것이며, 특히 조선인들은 심신을 연마하고 문화와 民力을 향상시키기를 바란다."[9] 고 했는데, 이때부터 총독의 공식적인 발언에서 '내선융화'라는 단어가 빈 번하게 사용되었다.

---

9) 朝鮮總督府(1921), 『朝鮮에 在한 新施政』, pp.54~56

이러한 식민지 융화정책의 일환으로 1919년 말에는 〈3면 1교제〉를 내세워 조선인도 일본인과 동일한 교육적 혜택을 부여할 것을 공언하였으며, 1920년에는 부분적으로 개정된 교육령(칙령 제19호)을 제시하여 〈일시동인〉의 서막을 열었다. 그리고 1922년 2월 교육령을 전면 개정하여 전문 32개조의 〈제2차 조선교육령〉을 공포하였는데, 이는 〈3·1 독립운동〉으로 대표되는 조선인의 저항에 따른 식민지교육에 대한 부분적인 쾌도수정이라 할 수 있겠다.

〈제2차 조선교육령〉의 특기할만한 점은 일시동인을 추구하여 일본 본토의 교육제도에 준거하여 만들어졌다는 점이다. 따라서 교육제도와 수업연한 등에서 이전과는 다른 변화를 찾을 수 있으며, 종래에 저급하게 짜였던 학교체계를 고쳐 사범교육과 대학교육을 첨가하고 보통교육, 실업교육, 전문교육의 수업연한을 다소 늘였다. 그러나 법령 제3조에서 '국어(일본어)를 상용하는 자와 그렇지 않은 자'를 구별하였으며, 종래와 같이 일본인을 위한 소학교와 조선인을 위한 보통학교를 여전히 존속시킴으로써 실질적으로는 민족차별을 조장하였다. 이는 이 시기 보통학교 교육에 대한 취지와 목적이 〈제1차 조선교육령〉과 별반 다르지 않다는 것만 보아도 알 수 있다. 당시 조선총독부에서 제시한 신교육의 요지와 개정된 교육령을 보면,

> 보통교육은 국민된 자격을 양성하는 데 있어 특히 긴요한 바로서 이 점에 있어서는 법령의 경개에 의하여 변동이 생길 이유가 없음은 물론이다. 즉 古來의 美風良俗을 존중하고 순량한 인격의 도야를 도모하며 나아가서는 사회에 봉사하는 념(念)을 두텁게 하여 동포 집목의 미풍을 함양하는데 힘쓰고 또 일본어에 숙달케 하는데 중점을 두며 근로애호의 정신을 기르고 홍업치산의 지조를 공고히 하게 하는 것을 신교육의 요지로 한다.[10]

---

10) 朝鮮總督府(1922), 「官報」, 1922.2.6

보통학교는 아동의 신체적 발달에 유의하여, 이에 덕육을 실시하며, 생활
에 필수한 보통의 지식 및 기능을 수여하여 국민으로서의 성격을 함양하
고 국어를 습득시킬 것을 목적으로 한다.[11]

고 되어 있어, 이전의 '충량한 신민의 육성'이라는 교육목표를 언급하고 있
지는 않지만, 교육목적에 있어서는 이전과 다를 바 없다는 것을 쉽게 파악
할 수 있다. 그러나 생활에 필수적인 보통의 지식과 기능을 기른다고 명시
함으로써 학교에서 가르쳐야 할 것을 생활의 '필요'에 한정하고 있으며, '신
체적 발달의 유의'나 國語 즉 일본어를 습득시켜 충량한 신민을 양육하고
자 하는 의도는 그대로 함축되어 있음을 알 수 있다.

〈제2차 조선교육령〉에서 이전의 교육령에 비해 눈에 띄게 변화된 점이
있다면 바로 수업연한이 6년제로 바뀐 점이다. 조선총독부는 이의 규정을
제5조에 두었는데, 그 조항을 살펴보면 "보통학교의 수업 연한은 6년으로
한다. 단 지역의 정황에 따라 5년 또는 4년으로 할 수 있다."[12]로 명시하여
지역 상황에 따른 수업연한의 유동성을 예시하였다. 이에 따른 교과목과
교육시수를 살펴보자.

〈표 2〉 〈제2차 조선교육령〉에 의한 보통학교 교과목 및 주당 교수시수

학제	4년제 보통학교				5년제 보통학교					6년제 보통학교					
과목\학년	1	2	3	4	1	2	3	4	5	1	2	3	4	5	6
수신	1	1	1	1	1	1	1	1	1	1	1	1	1	1	1
국어	10	12	12	12	10	12	12	12	9	10	12	12	12	9	9
조선어	4	4	3	3	4	4	3	3	3	4	4	3	3	3	3
산술	5	5	6	6	5	5	6	6	4	5	5	6	6	4	4
일본역									5					2	2

---

11) 〈제2차 조선교육령〉 제4조
12) 〈제2차 조선교육령〉 제5조

사															
지리														2	2
이과			3					2	2				2	2	2
도화			1	1			1	1	2(남)1(여)				1	2(남)1(여)	2(남)1(여)
창가 체조	3	3	1 3(남)2(여)	1 3(남)2(여)	3	3	1	1 3(남)2(여)	1 3(남)2(여)	3	3	3	1 3(남)2(여)	1 3(남)2(여)	1 3(남)2(여)
재봉			2	2					3				2	3	3
수공															
계	23	25	27(남)28(여)	27(남)28(여)	23	25	27	29(남)31(여)	30(남)31(여)	23	25	27	29(남)30(여)	29(남)30(여)	29(남)30(여)

〈제2차 조선교육령〉 시행기는 〈제1차 조선교육령〉 시행기에 비하여 '조선어 및 한문'이 '조선어'과목으로만 되어 있으며, 수업시수가 이전에 비해 상당히 줄어든 반면, 國語(일본어)시간이 대폭 늘어났다. 이 시기는 기존의 '國語'과목에 포함되어 있던 '역사'와 '지리'를 별도의 과목으로 신설, 5, 6학년 과정에 배치함으로써 일본역사와 일본지리에 대한 본격적인 교육을 실행하고자 하였음이 주목된다.

한편 4년제 보통학교의 경우 조선어 교과의 비중감소나 직업교과의 비중감소 등은 6년제와 유사하다. 그러나 5년제, 6년제에 비해 역사, 지리 등의 교과가 개설되지 않았다는 점에서 이 시기의 4년제 보통학교는 '간이'한 성격의 교육기관이었음을 알 수 있다.

또한 조선총독부는 지속적으로 〈보통학교규정〉을 개정하였는데, 개정된 보통학교 규정의 주요 항목들을 살펴보면, 1923년 7월 31일 〈조선총독부령 제100호〉로 개정된 〈보통학교규정〉에서는 4년제 보통학교의 학과목의 학년별 교수정도와 매주 교수시수표상의 산술 과목 제4학년 과정에 '주산가감'을 첨가하도록 하였으며, 1926년 2월 26일 〈조선총독부령 제19호〉의 〈보통학교규정〉에서는 보통학교의 교과목을 다음과 같이 부분적으로 개정하였는데, ①제7조 제3항(4년제 보통학교는 농업, 상업, 한문은 가할 수 없음) 중 농업, 상업을 삭제하고 ②"수의과목이나 선택과목으로 한문을 가하는 경우 제5학년, 제6학년에서 이를 가하고 이의 매주 교수시수는 전항의 예에 의하는 것"으로 하였다. 그리고 1927년 3월 31일자 〈조선총독부령 제22호〉의 〈보통학교규정〉에서는 보통학교 교과목 중 '일본역사' 과목의 과목명을 '국사'로 바꾸었다.

한편 〈제2차 조선교육령〉에 나타난 '교수상의 주의사항'을 〈제1차 조선교육령〉기와 비교해 볼 때, 국어(일본어) 사용과 관련된 기존의 항목만이 삭제되고 나머지는 거의 유사하다. 이와 같이 일본어 사용에 대한 명시적인 강조가 사라진 것은 1919년 3·1 독립운동 이후 조선의 전반적인 사회 분위기를 고려한 것으로 추정된다.

3. 〈제3차 조선교육령〉 시기의 일본어 교육

1) 중일전쟁과 〈제3차 조선교육령〉

일본은 1931년 9월 만주사변을 일으키고, 1932년 초에는 만주에 만주국을 건설하였으며 1933년 10월에는 국제연맹에서 탈퇴하는 등 일본은 군국주의로 향하게 되었다.

그리고 중국 본토를 정복할 목적으로 1937년 7월에 루거우차오사건(蘆溝橋事件)을 빌미삼아 중국과의 전면전을 시작하였다. 7월 28일 중국 29군에 대해 총공격을 개시하여 베이징(北京)과 톈진(天津)을 점령하였다. 일본군은 8월 13일에 중국 최대 항구도시인 상하이(上海)에 상륙하여 공격을 시작하였고, 9월에는 화북지방에서 남쪽으로 진격하기 시작하였으나 산시성(山西省) 지역에서 중국군의 강한 저항에 부딪히게 되었다. 이후 중국군의 국공합작에 의해 일본군의 화북지역 점령은 지지부진하였다. 그러다가 1937년 12월에는 국민당 정부 수도인 난징(南京)으로 공격해 들어갔으며, 12월 13일에 난징성을 점령하고 성안으로 진격해 들어갔다. 이후 약 6주 동안 일본군은 중국민간인들과 군인들을 상대로 무차별적인 살육과 방화, 강간 등을 자행했다. 1938년에는 중국군의 보급로를 차단하기 위해 요충지인 쉬저우(徐州)시를 점령하고 정저우(郑州)시로 진격하였다. 그러나 중국군은 황하의 제방을 무너뜨려 강물을 범람시켜 일본군의 진격을 막았고, 일본군은 막대한 피해를 입고 후퇴하기도 하였다. 그러나 장개석의 국민당 정부의 임시수도인 한커우도 공격하여 점령하는 등 1938년 말에는 중국 해안의 주요도시들을 장악하였다. 그러나 미국이 중국 국민당에 많은 원조를 제공하는 것에 힘입어 중국군들의 저항은 계속되었고, 1939년에 접어들어서는 최소의 군사력으로 중국의 보급로에 해당되는 전략적 요충지를 점거하는 봉쇄전술로 전환하게 된다. 이로 인해 중일전쟁은 장기화되고, 전선은 고착되어 갔다. 이후 1941년 12월에는 일본 연합함대의 미국 하와이 진주만 기습 공격을 기화로 태평양전쟁이 발발하였고, 〈제2차 세계대전〉은 아시아 전역으로 확대되었다.

이에 식민지 조선에서도 전진기지의 역할을 충실히 수행하도록 하기위해 충량한 황국신민화 교육과 민족말살정책을 추진하였다.

1936년 8월 5일 우가키 가즈시게(宇垣一成)의 후임으로 7대 총독으로 육군대장 미나미 지로(南次郎)가 취임하였다. 그는 육사와 육군대학 출신으로 1929년에 대장으로 승진해 조선군사령관이 된 후 1931년 육군대신을 거쳐 1934년 관동군 사령관이 된 자로, 1936년 일본의 2·26사건의 책임으로 군에서 제대한 후, 8월 7대 조선총독으로 부임하게 되었다.

일본 내에서도 전쟁확대론을 주장하였던 미나미는 1938년 조선인의 전시동원을 위한 황민화정책을 기조로 한 〈제3차 조선교육령〉을 공포하였다. 이는 교육의 전시체제화를 위한 법적 장치로, 교육 방침은 '국체명징 (國體明徵)', '내선일체', '인고단련(忍苦鍛鍊)' 등을 3대 강령으로 하고 있다.

개정된 교육령의 주요사항으로는 보면 무엇보다도 교육기관 명칭의 개칭을 꼽을 수 있는데, 기존의 보통학교를 심상소학교(尋常小學校)로, 고등보통학교를 중학교로, 여자고등보통학교를 고등여학교로 개칭하였다. 그리고 1938년부터 1943년에 이르기까지 공립중학교 17교, 공립고등여학교 22교를 신설하고 사립중학교 설립은 전면 불허하였다. 이처럼 교육기관의 개칭을 통해 명목상으로는 일본인 학교와 조선인 학교의 구분을 없애고 내선일체를 추구하고는 있지만, 실상은 조선아동을 전쟁동원을 위한 인적 자원으로 활용하고자 함이었다.

일제는 〈제3차 조선교육령〉의 최대목표가 국가유용성에 의한 황국신민화였던 만큼 이를 효과적으로 실현하고자 조선총독부령으로 〈소학교규정〉과 〈교수상의 주의사항〉을 하달하였는데, 개정 보완된 주요 항목은 다음과 같다.

(1) '교육에 관한 칙어'(敎育勅語)에 기반하여 국민도덕의 함양에 힘쓰며 국체의 본의를 분명히 하여 아동으로 하여금 황국신민으로서의 자각을 가다듬어 皇運扶翼의 道를 철저히 한다.

(2) 아동의 덕성을 함양하여 순량한 인격의 도야를 도모하고 건전한 황국신민으로서의 자질을 얻게하고, 나아가서 국가와 사회에 봉사하는 마음을 두터히 하며 내선일체와 동포가 서로 화목하는 미풍을 기르도록 한다.

(3) 근로애호의 정신을 길러 흥업치산의 망조를 공고히 하도록 한다.

(4) 지식기능은 언제나 실생활에 필요한 사실을 선택하게 하고 산업에 대한 사항에 관하여는 특히 유의하여 교수하고, 반복 연습케 하여 응용자재 하도록 한다.

(5) 아동의 신체를 건전하게 발달케 하고 어느 교과에 있어서나 그 교수는 아동의 심신발달의 정도에 부합하도록 한다.

(6) 남녀의 유별은 물론, 개인의 환경이나 특성 및 그 장래의 생활에 유의 하여 각각 적당한 교육을 하도록 한다.

(7) 일본어를 습득시키고 그 사용을 정확히 하고 응용을 자재케 하여서 일본어교육의 철저를 기하여 황국신민된 성격을 함양하도록 한다.

(8) 교수용어는 일본어를 사용한다.

(9) 각 교과목의 교수는 그 목적 및 방법을 착오없이 상호관련 보충하여 이익이 되게 한다.[13]

이 시기의 〈교수상의 주의사항〉은 교육목적에 명시한대로 특히 '내선일 체'를 위한 교수를 강조하고 있다. 조선아동의 덕성과 인격의 도야, 국가 사회에 봉사하는 마음, 근로애호의 정신, 아동의 심신발달 등등 교수상의 모든 주의사항이 내선일체 하여 충량한 황국신민이 되자는 목표에 귀결되 고 있는 것이다. 신설된 (7) (8)항의 교육현장에서 일본어상용을 강조한 것 역시 같은 맥락이며, 이는 이 시기 황국신민서사의 암송, 창씨개명과 더불어 가장 강도 높은 민족말살정책이라 하겠다.

이와 더불어 교육 내용에서 황국 신민화 교육을 더욱 강화하였다. 전쟁 의 막바지에는 군수 산업에 동원할 값싼 노동력을 학교에서 구하기 위하여 학교를 노동력을 공급하는 장으로 전환하였다. 1941년 3월 일본에서 '국민 의 기초적 연성'이라는 명목 아래 심상소학교와 고등소학교를 합해서 국민 학교로 명칭을 바꾸고, 지금까지의 6년의 의무교육을 2년 연장하여 8년간 실시하는 〈국민학교령〉을 공포하자, 조선에서도 〈국민학교령〉에 따라 교 과목을 국민과, 이수과, 체련과, 예능과, 직업과로 통합하였다.

---

13) 1938년 3월 15일자 조선총독부령 제24호 〈소학교규정〉; 김경자 외(2005), 앞의 책, p.113

교사양성과 관련해서는 사범학교의 수업연한을 보통과 5년, 연습과 2년 등 7년으로 하고, 다만 여자의 경우는 수업연한을 6년으로 하고 보통과에서 1년을 단축하기도 하였다.

2) 교과목과 수업시수

이 시기는 내선일체와 조선아동의 황국신민화를 실현하기 위하여 조선인 학교와 일본인 학교의 명칭을 통일하고, 공립학교에서 조선인과 일본인의 공학을 지향하였다. 이에 따라 총독부는 수업연한 4년제 보통학교를 모두 6년제 소학교로 승격시키고 교육과정도 통일하고자 하였다. 이로써 조선인과 일본인 공학자 비중이 다소 늘어나게 되었지만, 재정상의 이유를 들어 당분간은 보통학교 체제인 4년제 소학교로 존속시키고 점차 6년으로 연장시키겠다는 계획을 밝힘으로써 학교 명칭의 통일에도 불구하고 민족별 별학 체제는 기본적으로 유지되었다.

〈제3차 조선교육령〉에 의한 교과목의 편제에서 이전에 비해 눈에 띠게 변화된 점이 있다면 '조선어'가 수의과목(선택과목)으로 전락하였고, '국어(일본어)', '국사(일본사)', '수신', '체육' 등의 교과가 강화되었다는 것과 새로이 '직업(職業)'과가 도입되었다는 점이다. 이는 '직업' 과목을 추가시킴으로써 졸업 후 바로 생산체제에 투입할 수 있도록 하기 위한 것이며, '수신'은 한국인의 도덕과 정신을 없애고 일제에 충성하는 황국신민을 양성하기 위해 긴요한 과목들이었기 때문이다. 이때부터 각급 학교에서는 학칙개정을 하여 교육목적을 충량한 황국신민을 양성에 두고 엄격한 학교 규율체계를 만들었다. 소학교에서는 '국체명징일(매월 11일)', '애국일(매월 1일)', '부국저금(매월 6일)', '소년검도회(월 1회)' 등을 비롯해 매일 '신사참배'를 하게 하였다.

그리고 이전에는 교과목만 개설하고 시수를 배정하지 않았던 '수공'과목의 시수가 공히 1시간씩 배정된 것도 눈여겨 볼 부분이다. 간과할 수 없는 것은 '직업'과목의 도입이다. 이는 표면상 기존의 선택과목이었던 '실업'과를 직업과로 개칭하여 필수과목화 한 것으로 보일 수 있겠지만, '직업'과가 그 이상의 중요한 의미를 지니고 있음은 당시의 학무국장 와타나베 도요히코(渡邊豊日子)의 주장에서 엿볼 수 있다.

> 직업과 교육은 조선 초등교육의 내용적 기본을 이루고 있음에 주목해야 한다. 이러한 시설이 있음으로 해서 조선교육은 조선의 실정과 시세의 요구에 상응하게 되고 지방에 적합한 교육이 될 것이다. 따라서 본 교육이 이루어지는가 이루어지지 않는가에 따라 교육전반이 궤도를 지키는가 탈선하는가가 결정되므로 당국은 이에 크게 주력하고 있다.[14]

일제는 이처럼 '직업'과 교육을 "조선의 실정과 시세의 요구에 상응"하는 "조선 초등교육의 내용적 기본"으로 잠정 규정하고, 직업교육의 실행여부가 식민지 초등교육의 성공여부의 기준으로 삼았다. 교과서의 편찬도 내적으로는 내선일체와 황국신민화에, 외적으로는 병참기지로서의 인적 물적 자원 양산을 위한다는 방침아래, 이러한 방향을 취하였음은 물론일 것이다. 이 시기의 교과목 및 주당 교육시수를 〈표 3〉에서 살펴보자.

〈표 3〉〈제3차 조선교육령〉에 의한 소학교 교과목 및 주당 교수시수

학제 과목 \ 학년	4년제 소학교				6년제 소학교						비 고
	1	2	3	4	1	2	3	4	5	6	
수신	2	2	2	2	2	2	2	2	2	2	
국어 (일본어)	12	12	12	11	10	12	12	12	9	9	
조선어	3	3	3	2	4	3	3	2	2	2	수의(선택) 과목
산술	5	6	6	5	5	5	6	6	4	4	

---

14) 김경자 외(2005), 앞의 책, p.73 재인용

과목										
국사(일본)				2					2	2	
지리									2	2	
이과				3			2	2	2	
직업/실업			3(남)1(여)	3(남)1(여)			2(남)1(여)	3(남)1(여)	3(남)1(여)	
도화		1	1	1		1	1	2(남)1(여)	2(남)1(여)	
수공	1	1	1	1	1	1	1	1	1	1
창가			1	1		1	1	2	2	
체조	3	3	3(남)2(여)	3(남)2(여)	4	4	3	3	3(남)2(여)	3(남)2(여)
가사 및 재봉			3(여)	3(여)			3(여)	4(여)	4(여)	
계	26	28	32(남)32(여)	34(남)34(여)	26	27	29	32(남)34(여)	34(남)34(여)	34(남)34(여)

〈표 3〉에서 알 수 있듯이 이 시기의 교과목은 수신, 국어, 산술, 국사, 지리, 이과, 직업, 도화, 수공, 창가, 체조, 가사 및 재봉(여)이며, 조선어는 가설과목 또는 선택과목으로 되어 있다. 정시과목이 아닌 선택과목으로 배치함으로써 실상 '조선어' 과목은 폐지된 것과 다름없었다. 그 중 황국이데올로기 교육적 성격이 가장 강한 '수신'과는 이전의 전학년 모두 1시간에서 2시간으로 배정되어 2배의 증가세를 보였으며, '창가', '체조' 및 실업 관련 과목 또한 뚜렷한 증가세를 보인 반면, 선택과목으로 전락한 '조선어'의 비중은 대폭 축소되었다. 또 이전의 가설과목이었던 '수공'과목이 1928년 이후 필수과목으로 되어(단, 직업과에서 공업을 가르치는 경우에만 다른 과목으로 대치 가능함.) 이어져 왔다. 이는 이 시기 교육목표가 일본어의 상용화, 황국이데올로기 교화, 직업훈련의 강화에 보다 역점을 두었음을 말해준다 하겠다.

3) 〈제3차 조선교육령〉시기의 초등교원 양성

〈제3차 조선교육령〉의 가장 두드러진 점은 종래의 '보통학교'와 '소학교'

로 분리되어 있던 교육체제를 '소학교'로 통일하고 조선인과 일본인의 공학을 허용함으로써 표면상의 차별을 폐하고 내선일체를 지향하였다는 점이다. 그러나 이는 동등한 처지에서의 일체가 아니라 한국적인 것을 일본적인 것으로 흡수함으로써 완전한 황국화에 도달하려는 것이었다. 이에 따라 교원양성을 위한 〈사범학교규정〉도 새로이 개정되었으며, 그간의 '보통학교' 교원을 양성했던 1부와 '소학교' 교원을 양성했던 2부로 나뉘어 있던 사범학교 편제도 '소학교 교원양성과정'이라는 일관성을 지닌 독립체제로 개편되었다.

조선총독부는 1911년 〈제1차 조선교육령〉을 발포하면서 일관된 교원양성기관인 관립한성사범학교를 폐지하고 다양한 교원양성과정을 두었다. 그 일환으로 먼저 남녀 중등학교에 단기교원양성과정을 부설하여 초등교원을 양성하도록 하였는데, 여기에 보통학교의 조선인 교원양성을 위한 '사범과'와 '교원속성과'가 있었으며, 보조교원 양성을 위한 임시교원 양성소와 임시교원양성 강습회를 두었다.

'사범과'는 수업연한 1년으로 고등보통학교나 여자고등보통학교 졸업자에게 입학자격이 주어졌으며, 공통적으로 수신, 교육, 국어, 조선어 및 한문, 산술, 이과, 습자, 도화, 음악, 체조를 부과하고, 남학생에게는 실업과 수공을, 여학생에게는 가사와 재봉 및 수예의 교과목을 이수하도록 하였다. '교원속성'과(1911.10~1914년초)는 남학생들을 중심으로 이루어진 교원양성과정으로, 16세 이상의 고등보통학교 제2학년 수료자나 이와 동등 이상의 학력을 가진 자를 대상으로 하였다. 수업연한은 1년 이내였으며, 교과목은 수신, 교육, 국어, 조선어 및 한문, 역사 및 지리, 산술, 이과, 실업, 도화, 음악, 체조 등이 부과되었다.

그러나 이 과정만으로는 급증하는 초등교원의 수요를 충족시킬 수가 없어 조선총독부는 관립중등학교에 1~3년 과정의 '임시교원양성소'를 두었으

며, 심지어 1920년부터는 6개월 또는 1년 과정의 '임시교원양성강습회'를
두어 단기간에 교원을 양성하도록 하였다.

조선총독부는 1922년 〈제2차 조선교육령〉에 의하여 이러한 다양한 교원
양성과정을 정리하고, 주로 관립사범학교와 공립사범학교를 통하여 교원
양성교육을 실시하도록 하였다. 그럼에도 부족한 초등교원 양산을 위하여
관립중등학교에 부설했던 사범과를 1925년까지 유지시켰다. 1930년대에
이르러서야 교원양성과정은 관립사범학교로 통일되었고, 비로소 일관된
교원양성과정을 통한 초등교원 양성이 가능해지게 되었다.

1929년 공립사범학교의 특과 폐지 조치가 내려지고 심상과를 두는 관립
사범학교를 설치하도록 하였다.15) 관립사범학교의 심상과는 남학생에게
는 5년, 여학생에게는 4년의 수업연한을 부여했으며, 심상소학교 졸업자나
이와 동등 이상의 학력을 가진 자에게 입학자격을 주었다. 졸업자의 의무
복무기간은 관비졸업자의 경우 남자는 5년을, 여자는 4년이 부여되고, 사
비 졸업자에게는 2년의 의무복무기간이 부여되었다. 이러한 규정에 의해
경성사범학교 외에 1929년 평양사범학교와 대구사범학교가 관립학교로 신
설되었다. 이후 1935년에 경성여자사범학교가 설치되고, 이어서 1936년에
전주사범학교, 1937년에 함흥사범학교가 순차적으로 설치되었다.

〈제3차 조선교육령〉 시기에 이르러 관립사범학교의 설립은 더욱 활발히
이루어졌다. 1938년 광주사범학교와 공주여자사범학교를 시작으로 1939
년 춘천사범학교, 1940년 전주사범학교, 1941년 청주사범학교, 1942년에는
신의주사범학교, 1943년 대전사범학교, 해주사범학교, 청진사범학교, 1944
년 원산여자사범학교가 새로 신설되어 교사를 배출하였다. 이처럼 연이은
관립사범학교 설치는 국가유용성에 의한 국민양성을 위한 조선총독부의
정책에 의한 것이라 하겠다.

---

15) 朝鮮總督府 官報 號外 1929. 4. 19일자

여기에 보통과, 심상과, 연습과 3과가 설치되어 있는데, 보통과, 심상과
는 연습과의 예비과정의 의미를 지닌다. 보통과의 학과목은 수신, 공민,
교육, 국어한문, 조선어, 역사, 지리, 외국어, 수학, 이과, 직업, 도화, 수공,
음악, 체조로 되어 있으며, 심상과의 입학자격 및 수업연한은 보통과와 같
고, 학과목 역시 보통과와 비슷하다.

사범학교의 완성과정이라 할 수 있는 연습과는 2년 과정이며, 입학 자격
은 보통과 수료자, 중학교 및 고등여학교 졸업자 또는 이와 동등 이상의
학력이 인정되는 자가 입학할 수 있었다. 그러나 이처럼 일관된 교원양성
구조도 일제의 태평양전쟁 준비를 위한 인력동원으로 인해 와해되게 된다.

조선총독부는 1940년 남자사범학교에 1년간의 단기교육으로 초등교원
을 양성하는 '특설강습과'를 설치하였는데, 입학자격이 고등소학교 졸업 정
도의 학력을 가진 14세 정도의 연령을 가진 자였으며, 또 징병미달자를
수용하여 이 과정을 통하여 교사로 양성하였기 때문이다. 더욱이 태평양전
쟁의 발발로 교사 수급이 여의치 못하게 되면서 1942년에는 10개의 남자사
범학교 중 광주사범을 제외한 9개 사범학교에 '특설강습과'가 설치되어 교
원을 양성하였다. 조선총독부의 이러한 교원양성 정책은 교원의 질적인
면은 고려하지 않고, 숫자 채우기에 급급한 졸속적인 교육행정으로 평가할
수 있을 것이다.

4. 第四期『初等國語讀本』의 표기 및 배열

조선총독부는 1938년 3월 발포한 〈제3차 조선교육령〉의 기반이 된 내선
일체와 황국신민화에 중점을 두고, 총독 미나미 지로가 내세운 3대 교육강
령인 국체명징, 내선일체, 인고단련을 배경으로 한 교과서의 발간을 시도하

여, 1939년부터 1941년에 걸쳐 第四期 『初等國語讀本』을 편찬하게 된다.
그러나 조선총독부에 의해 1939년부터 1941년에 걸쳐 개정 발간된 第四期
『初等國語讀本』은 1~3학년용 전6권뿐이며, 4~6학년용(6권)은 Ⅱ기 때와 마
찬가지로 일본 문부성 편찬의 『小學國語讀本』을 조선의 조선서적주식회사
가 그대로 번각하여 사용하였다. 이에 대한 출판사항은 〈표 4〉와 같다.

〈표 4〉〈제3차 교육령〉시기에 교육된 日本語敎科書의 출판사항

卷數	출판 년도	사이즈		課	頁	정가	학년 학기
		縱	橫				
朝鮮總督府 編纂 第四期 『初等國語讀本』							
卷一	1939	22	15	구분없음	82	12錢	1학년 1학기
卷二	1939	22	15	22	121	14錢	1학년 2학기
卷三	1940	22	15	25	123	16錢	2학년 1학기
卷四	1940	22	15	25	130	18錢	2학년 2학기
卷五	1941	22	15	25	145	24錢	3학년 1학기
卷六	1941	22	15	21	133	24錢	3학년 2학기
계					734		
文部省 編纂 第四期 『小學國語讀本』							
卷七	1942	22	15	26	150	?	4학년 1학기
卷八	1942	22	15	26	161	?	4학년 2학기
卷九	1942	22	15	28	172	?	5학년 1학기
卷十	1942	22	15	27	179	17錢	5학년 2학기
卷十一	1942	22	15	27	193	?	6학년 1학기
卷十二	1942	22	15	27	198	?	6학년 2학기
계					1054		

1911년에 제정된 〈普通學校令施行規則〉에 의해 1913년부터는 신규 편
찬의 교과서에 대해서는 자비구입을 원칙으로 함에 따라 〈제3차 조선교육
령〉시기 第四期 『初等國語讀本』의 가격 역시 12錢~24錢으로 책정되어
있다. 여기서 1941년 발간한 3학년용 『初等國語讀本』의 가격이 1, 2학년용

에 비해 현격한 차이를 보이고 있는데, 이는 전쟁으로 인한 경제난과 극심한 용지부족에 원인이 있는 듯하다.

第四期『初等國語讀本』은 그 내용면에서 第二, 三期에 비해 또 다시 강화된 면을 엿볼 수 있다. '國語'교과서의 특성상 당연히 지배국의 언어교육에 중점을 두어 국체의 이식을 꾀하였는데, 먼저 삽화를 보면 등장인물 대부분이 일본인 차림새를 하고 있으며, 시대를 반영하듯 전쟁관련 삽화가 상당수를 차지한다. 아동의 머리모양도 남자일 경우 군인처럼 깎은 머리에, 여자아동의 경우는 모두 단발머리 모양을 하고 있다.

第四期『初等國語讀本』의 내용을 보면, 문장에 아름다운 문학적 표현을 가미시켜 아동에게 부지불식간에 일본정신을 심어주는 한편, 국민으로서의 성격함양을 추구하는 내용을 여러 각도로 제시하여 피교육자를 국가주의적 파쇼적 관념으로 이끌어내고 있다. 일반적인 내용의 등장인물의 인명 또한 모두 일본식 이름으로 바뀌었다는 것도 〈3차 조선교육령〉이후 진행된 '창씨개명정책'을 전면 반영한 결과일 것이다.

빼놓을 수 없는 것은 조선인의 황민화를 위한 가장 기본적인 실천요목인 신궁이나 신사참배 관련 내용이다. 조선아동의 황국신민화교육의 일환인 신궁·신사참배는 학교에서 공식화된 매우 중요한 일과 중의 하나였는데, 이 시기의 교과서는 이를 다각적으로 홍보하고 실천을 강요하였다.

한편 일본 문부성 발간의 4~6학년용『小學國語讀本』에서 특이한 점은 중국에 이어 일본군이 점령한 남태평양 군도 사이판, 데니안, 얏뿌, 바라오의 현지사정을 소개한 '~~だより'형식의 편지글이 많다는 점이다. 이는 대륙은 물론 남태평양 또한 일본의 패권 안에 있다는 것과, 날로 확장되어가는 제국일본의 위상을 알리는 것으로, 태평양전쟁을 앞두고 세계를 향한 무한한 가능성 제시와 함께 장차 태평양 연안 국가로의 확장을 암시하고 있다 하겠다.

이 시기에 교육된 일본어교과서를 살펴본바, 급변하는 세계정세를 반영한 내용과 당시의 식민지정책이 주조를 이루고 있음이 파악된다. 일제의 조선 식민지정책은 이처럼 초등교과서를 중심으로 진행됨으로써 그들이 목적대로 국가 유용성에 합당한 국민육성이 이루어지고 있었음을 알 수 있다.

5. 보통학교 교과서와 교육상의 지침

1914년 조선총독부가 제시한 보통학교 교과서 편찬 일반방침은 앞서 제정, 선포되었던 「敎授上의 注意 幷 字句訂正表」의 지침을 반영함과 동시에 기본적으로 〈조선교육령〉과 〈보통학교규칙〉에 근거를 둔 것이었다. 이에 따라 교과서 기술에 있어서도 「朝鮮語及漢文」을 제외하고는 모두 일본어(國語)16)로 기술하여, 언어를 일본어로 통합하였고, 1911년 8월에 조선총독부가 편찬한 『국어교수법』이나, 1917년에 주로 논의되었던 교육상의 교수지침에서도 '풍속교화를 통한 충량한 제국신민의 자질과 품성을 갖추게 하는 것임'을 명시하여 초등교육을 통하여 충량한 신민으로 교화시켜나가려 하였다.

통감부 시기부터 공교육과정에서 실시된 일본어는 당시 주당 6시간이라는 수업시수를 배정받아 강점이전부터 '조선어'와 동등한 주요 교과목의 위치를 차지하였다. 그러던 것이 합병직후 주당 수업시수가 10시간이 배정되어 조선어(한문포함 5~6시간) 대비 현격한 차이를 보인다. 〈제2차 조선교육령〉 시기에는 일본어 과목의 시수가 주당 12시간까지 늘어나게 되고

---

16) 일본어가 보급되기까지 사립학교 생도용으로 수신서, 농업서 등에 한하여 별도로 朝鮮譯書로 함

조선어는 3~4시간으로 줄어들게 된다. 〈제3차 조선교육령〉 시기는 '일본어 상용'이라는 교육정책에 따라 일본어에 비해 조선어는 수의(선택)과목으로 전락하게 된다.

1941년 이후 마침내 조선어는 누락되고 수신(국민도덕 포함)과목의 시수가 급증하는 양상을 보이게 되는데, 이는 일본이 창씨개명과 태평양전쟁으로 징병제도가 실시되면서 민족말살정책이 점차 심화되어 가는 과정으로 이해될 수 있다. 각 시기에 따른 '國語(일어)'과목의 주당 수업시수를 '조선어'과목과 대비하여 〈표 5〉로 정리하였다.

〈표 5〉 조선에서의 수신 · 조선어 · 한문 · 일본어의 주당 수업시수

학년	통감부(1907)			제1기(1911)				제2기(1922)			제3기(1929)			제4기(1938)			제5기(1941)
	수신	조선어	한문	일어	수신	국어(일어)	조선어 및 한문	수신	국어(일어)	조선어	수신	국어(일어)	조선어	수신	국어(일어)	조선어	국민과(수신/국어)
제1학년	1	6	4	6	1	10	6	1	10	4	1	10	5	2	10	4	11
제2학년	1	6	4	6	1	10	6	1	12	4	1	12	5	2	12	3	12
제3학년	1	6	4	6	1	10	5	1	12	3	1	12	3	2	12	3	2 / 9
제4학년	1	6	4	6	1	10	5	1	12	3	1	12	3	2	12	2	2 / 8
제5학년								1	9	3	1	9	2	2	9	2	2 / 7
제6학년								1	9	3	1	9	2	2	9	2	2 / 7
합계	4	24	16	24	4	40	22	6	64	20	6	64	20	12	64	16	62

* 제1기(보통학교시행규칙, 1911. 10. 20), 제2기(보통학교시행규정, 1922. 2. 15), 제3기(보통학교시행규정, 1929. 6. 20), 제4기(소학교시행규정, 1938. 3. 15), 제5기(국민학교시행규정, 1941. 3. 31)

초등학교에는 合科的 성격의 「國民科」, 「理數科」, 「體鍊科」, 「藝能科」, 「實業科」라는 5개의 교과가 있었는데, 그 중의 「國民科」는 修身, 國語, 國史, 地理의 4과목으로 이루어져 있다. 國語, 國史, 地理의 合本的 텍스트로,

「國民科」의 4분의 3을 입력한 교과서『初等國語讀本』의 내용 역시 「修身」 교과서와 같이 품성의 도야, 국민성 함양을 목표로 하고 있다. 또한 「朝鮮語及漢文」 과목의 교재도『初等國語讀本』과 마찬가지로 일본천황의 신민에 합당한 국민성을 함양케 하는데 치중하고 도덕을 가르치며 상식을 알게 할 것에 교수목표를 두고 있다.

朝鮮統監府 및 朝鮮總督府의 관리아래 편찬 발행하여 조선인에게 교육했던 일본어교과서를 '統監府期'와 '日帝强占期'로 대별하고, 다시 日帝强占期를 '一期에서 五期'로 분류하여 '敎科書名, 編纂年度, 卷數, 初等學校名, 編纂處' 등을 〈표 6〉으로 정리하였다.

〈표 6〉 朝鮮統監府, 日帝强占期 朝鮮에서 사용한 日本語敎科書

區分	期數別 日本語敎科書 名稱			編纂年度 및 卷數	初等學校名	編纂處
統監府期	普通學校學徒用 日語讀本			1907~1908 全8卷	普通學校	大韓帝國 學部
日帝强占期	訂正 普通學校學徒用國語讀本			1911. 3. 15 全8卷	普通學校	朝鮮總督府
	一期	普通學校國語讀本		1912~1915 全8卷	普通學校	朝鮮總督府
		改正普通學校國語讀本		1918 全8卷		
	二期	普通學校國語讀本		1923~1924 全12卷	普通學校	(1~8)朝鮮總督府 (9~12)日本文部省
	三期	普通學校國語讀本		1930~1935 全12卷	普通學校	朝鮮總督府
		改正普通學校國語讀本		1937 全12卷		
	四期	初等國語讀本 小學國語讀本		1939~1941 全12卷	小學校	(1~6)朝鮮總督府 (7~12)日本文部省
	五期	ヨミカタ	1~2학년 4권	1942 1~4卷	國民學校	朝鮮總督府
		初等國語	3~6학년 8권	1942~1944 5~12卷		

일제는 장기화되어 가는 전시상황으로 인해 발생한 부족한 노동력을 충원하거나 전시에 필요한 소모형 황군을 양성하기 위해 조선 아동의 교육에 주력하였다. 특히 第四期『初等國語讀本』은 第一, 二期, 三期『普通學校國

語讀本』에 이어 변화된 정세에 따른 정치적 목적과, 조선아동을 충량한 황국신민으로 양성하기 위한 〈제3차 조선교육령〉의 취지에 알맞게 국체명 징, 내선일체, 인고단련 3대 강령을 앞세우며 일제가 바라던 충량한 황국신 민을 육성시키기 위해 편찬된 초등학교용 교과서라 할 수 있을 것이다.

2013년 2월

전남대학교 일어일문학과 교수 김순전

《朝鮮總督府編纂 第Ⅳ期 初等國語讀本 編著 凡例》

1. 권1은 1학년 1학기, 권2는 1학년 2학기, …….. 권12는 6학년 2학기로 한다.
2. 원본의 세로쓰기를 편의상 좌로 90도 회전하여 가로쓰기로 한다.
3. 원본의 상란은 좌란으로 한다.
4. 반복첨자 기호는 가로쓰기이므로 반복표기로 한다.
5. 한자의 독음은 ( )안에 가나로 표기한다.
6. 대화문과 지문 스타일은 각 기수마다 다르므로 각 기수의 원문대로 표기한다.

朝鮮總督府 編纂

初等國語讀本 卷一

第1學年 1學期

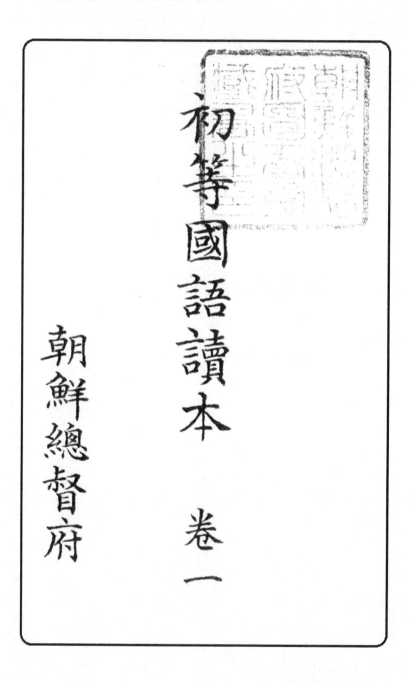

初等國語讀本 卷一

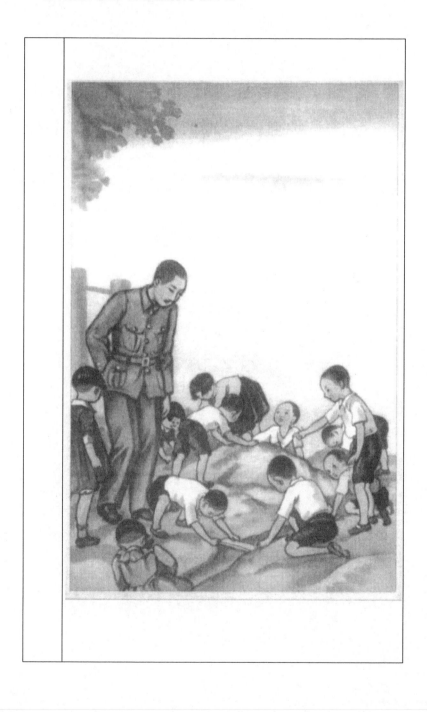

ヒノマル ノ ハタ

ヒノマルノハタ

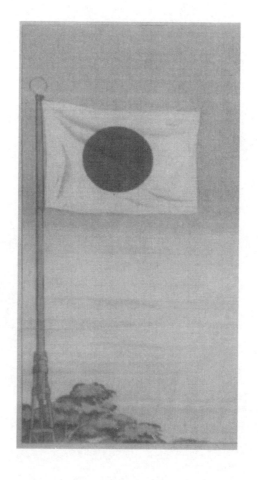

タ
ハタケ

ケ

ヤ
カ
ワ
シ

ヤマ
カワ
ハシ

アイ

ロ

アカイ

タマ

シロイ

タマ

テ

アカ

　　カテ

シロ

　　カテ

オヤイヌ

コイヌ

オ
ヌ
コ

オヤイヌ
コイヌ
コイ
コイ
コイ

ハト　ハト

マメ　ヲ

　ヤル　カラ

　オリテ

　コイ

ト
メ
ヲ
ヲ
ラ
カ
ラ
リ

デタ
デタ
ツキ ガ

マンマルイ
ツキ ガ

デ
ツキガ
ガン

ナ
ウサギ
ミ

ナガイ
　ナガイ
　　ウサギ　ノ
　　　オミミ

スス

へ

ススメ

ススメ

ヘイタイ

ススメ

ノウ
バ
ザ

トウ (ッ) マイリ マス カア セ デカケ マシタ	「オトウサン、イッテ　マイリマ 　ス。」 「オカアサン、 　イッテ 　マイリマス。」 クニオサン　ガ デカケマシタ。

コウ
エ
ゲョク

ガッコウ　ガ
　　ミエマス。
ミンナ　ガ、
　　ゲンキ　ヨク
　　　アルイテ
　　　　イキマス。

ヨウ

ゴ

「センセイ、

　　オハヨウ

　　　ゴザイマス。」

「ハイ、

　　オハヨウ

　　　ゴザイマス。」

カン、カン、カン、

カネ　ガ　ナリマス。

　ハジメ　ノ

　　カネ　デス。

「サア、

　　アツマリマショウ。」

ネ
ジ
カネデ
ス
サア
ショ
アツマ
リマシ
ョウ

(ソ)
ソウ

モチ
バ

ニ

アサ ノ タイソウ

　　ヨイ キモチ。

ウデ ヲ ノバセバ

　　ヨイ キモチ。

オヒサマ ニコニコ

　　ヨイ キモチ。

ホ

オアケ
ナサイ

「ミナサン、

ホン　ヲ

オアケ

ナサイ。

クニオサン、

オヨミ　ナサイ。」

ム

ダ

デンデン
　ムシムシ
　　カタツムリ、
ツノ　ダセ、
　ヤリ　ダセ、
　メダマ　ダセ。

ト
(ユ)
ユウ

シテ
イマス

クニオサン　ト

ユウキチサン　ガ、

マリナゲ　ヲ

シテ　イマス。

ドシャ

ユウキチサン　ガ、

ジドウシャ　ノ

エ　ヲ　カキマシタ。

ハナコサン　ガ、

オヒサマ　ノ

エ　ヲ　カキマシタ。

「センセイ、

サヨウナラ。」

「センセイ、

サヨウナラ。」

「サヨウナラ。

アシタ　ハ、

オヤスミ　デス　ヨ。」

二八

クニオサン　ガ、

ガッコウ　カラ

カエリマシタ。

「オトウサン、

　　タダイマ。」

「オカアサン、

　　タダイマ。」

ヒコウキ、

ヒコウキ。

　フクチャン、

　　ハヤク　デテ

　　　　　　ゴラン。

　ヒコウキ、

　　ハヤイ　ナ。

フ
チャ

レ

カワ　ガ　アリマス。

キレイナ

　カワ　デス。

オンナ　ノ

　　ヒト　ガ、

キモノ　ヲ

アラッテ　イマス。

ニ

ムコウ ニ、
　　ウシ ガ
　　　イマス。
　クサ ヲ
　　　タベテ
　　　イマス。

ベ

クニオサン　ガ、ニイサン　ト

サカナトリ　ヲ

　シテ　イマス。

ニイサン　ガ、

　アミ　デ

ウケテ　イマス。

クニオサン　ガ、

ニイ

デ

サカナ　ヲ

　　オッテ

　　　イマス。

キシ　デ、

ジュンコサン　ガ

　　ミテ　イマス。

ジュ

（プ）
プウ

ボ

プウト　フクレル

シャボンダマ。

クルクル

　　マワル、

アカ　ガ

　　デル。

クルクル　マワル、

アオ　ガ　デル。

フワリト

　ウイテ、

　　ドコ　ヘ

　　　イク。

カゼ　ニ　ユラレテ、

　　　パット　キエタ。

ヘ｜ヘ

ゼ　パ

ネイ

ケサ　ハ、ハヤク　オキマシタ。

ネイサン　ト、オミヤ　ヘ

オマイリ　ニ　イキマシタ。

カエリ　ニ、ユウキチサン　ト

アイマシタ。

セミ ヲ トリマシタ。ナンビキ
トッタ カ、カゾエテ
ミマショウ。
一 二 三 四 五 六
七 八 九 十
ミンナ デ、十ピキ
イマス。

ビ
カ
ソ

一二三四五六七八九十ピ

「モシ　モシ、ハナコサン

デス　カ。」

「ハイ、

ソウ　デス。」

「ワタクシ　ハ

フミコ　デス。

イマ、キヌコサン　ガ

キテ　イラッシャイマス。
アナタ　モ、アソビ
ニ　イラッシャイマセン　カ。」
「ハイ、
　アリガトウ。
グ　スグ　マイリマス。」

ハナコサン　ガ、オトモダチ　ト、
　ナワトビ　ヲ　シテ　イマス。
ジュンコサン　ト
　キヌコサン　ガ、
　マワシテ
　　イマス。
フミコサン　ガ

ペ

トンデ イマス。

一ペン　二ヘン

三ベン　四ヘン

五ヘン

五ヘン　トビマシタ。

コンド　ハ、

ハナコサン　ノ　バン　デス。

ヒマワリ　ガ
　サキマシタ。
キイロイ、
オウキナ
　ハナ　デス。
ミンナ、
オヒサマ　ニ

ムカッテ
イマス。
キン　ノ
サラ　ノ
ヨウ　ニ、
カガヤイテ
イマス。

ウサギ ト
　　　カメ　ガ、
カケッコ　ヲ
　　　　シマシタ。
ウサギ　ハ、
　　　トチウ　デ、
ヒルネ　ヲ　シマシタ。

チウ

ヤスマ
ナイ

カメ　ハ、ヤスマ

　　ナイデ　ハシリ

　　　マシタ。

トウトウ、

　　カメ　ガ

　　　カチマシタ。

ネテイ
マシタ

ズ

目

大

シシ　ガ　ネテ　イマシタ。

ネズミ　ガ、シシ　ノ　ソバ　ヲ

トウリマシタ。

シシ　ガ、目　ヲ　サマシテ、

大キナ　アシ　デ、ネズミ　ヲ

オサエマシタ。

ネズミ　ハ、ビックリ　シテ

ハナシ
テクダ
サイ

「ドウゾ、ハナシテ

　　クダサイ。」

ト、タノミマシタ。

シシ　ハ、

ネズミ　ヲ　ハナシマシタ。

二三ニチ　タッテ、シシ　ガ、ワナ

ニゲラ
レマセ
ン

ニ　カカリマシタ。ドウシテモ　ニゲ

ラレマセン。　シシ　ハ、大ゴエ　デ

ウナリマシタ。

ネズミ　ハ、ソノ　コエ　ヲ　キキ

ツケテ、スグ　ヤッテキマシタ。

「シシサン、タスケテ　アゲマショ

　　ウ。」

ネズミ　ハ、イッショウケンメイ　ニ
ナッテ、ワナ　ノ　フトイ　ナワ　ヲ、
カミキリマシタ。
シシ　ハ　ヨロコンデ、
　「ネズミサン、アリガトウ。」
ト、オレイ　ヲ　イイマシタ。

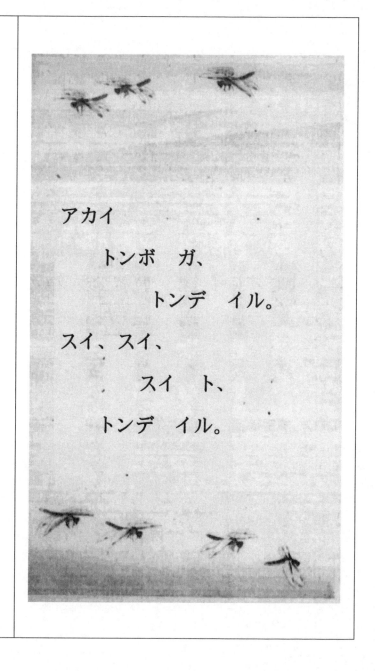

アカイ
　　トンボ　ガ、
　　　　トンデ　イル。
スイ、スイ、
　　　スイ　ト、
　　トンデ　イル。

トンデ

　イッテ　ハ

　　トンデ　クル。

スイ、スイ、

　　　スイ　ト、

トンデ　クル。

ムカシ ムカシ、オジイサン ト オバアサン ガ イマシタ。オジイサン ハ、山 ヘ タキギ ヲ トリニ イキマシタ。オバアサン ハ、川 ヘ センタク ニ イキマシタ。

オバアサン ガ、川 デ センタク ヲ シテ イル ト、大キナ モモ ガ、ナガレテ キマシタ。

オバアサン ハ、ソノ モモ ヲ ヒ

ロッテ、カエリマシタ。

オジイサン ガ、

山カラ カエリマシタ。オジイサン

ハ、モモ ヲ ミテ、

「ヤア、大キナ モモ ダ。」

ト イッテ、ヨロコビマシタ。

オバアサン ガ、モモ ヲ キロウ

ヤア
ダ

ロウ

ト シマシタ。スルト、モモ ガ ニ
ツ ニ ワレテ、中 カラ 大キナ
オトコノコ ガ ウマレマシタ。
オジイサン ハ、ソノ コ ニ、モモ
タロウ ト ナ ヲ ツケマシタ。
モモタロウ ハ、ダンダン 大キク
ナッテ、タイソウ ツヨク ナリマ
シタ。
アル日、モモタロウ ハ、オジイサ
ン ト オバアサン ニ、
「ワタクシ ハ、オニガシマ ヘ、オ
ニタイジ ニ イキマス カラ、キ
ビダンゴ ヲ ツクッテ クダサイ。」
ト タノミマシタ。

オジイサン ト オバアサン ハ、オ
ダンゴ ヲ ツクッテ ヤリマシタ。
モモタロウ ハ、ゲンキ ヨク デカ
ケマシタ。

犬	スコシ イクト、犬 ガ キマシタ。
	「モモタロウサン、モモタロウサン ドコ ヘ オイデ ニ ナリマス カ。」
	「オニガシマ ヘ オニタイジ ニ。」
	「オコシ ニ ツケタ モノ ハ、ナ ン デス カ。」
ポ ニ	「ニッポン一 ノ キビダンゴ。」
	「一ツ クダサイ、オトモ シマショ ウ。」
	モモタロウ ハ、犬 ニ オダンゴ ヲ ヤリマシタ。犬 ハ、ケライ ニ ナッテ ツイテ イキマシタ。

スコシ イク ト、サル ガ キマ
シタ。

「モモタロウサン、モモタロウサン、

　ドコ　ヘ　オイデ　ニ　ナリマス

　カ。」

「オニガシマ　ヘ　オニタイジ　ニ。」

「オコシ　ニ　ツケタ　モノ　ハ、

　ナン　デス　カ。」

「ニッポンー　ノ　キビダンゴ。」

「一ツ クダサイ、オトモ シマショ
ウ。」
サル モ、オダンゴ ヲ モラッテ、
ケライ ニ ナリマシタ。

犬 ト サル ヲ
ツレテ、スコシ
イク ト、キジ ガ
キマシタ。
「モモタロウサン、モモタロウサン、
ドコ ヘ オイデ ニ ナリマス
カ。」
「オニガシマ ヘ オニタイジ ニ。」
「オコシ ニ ツケタ モノ ハ、ナ
ン デス カ。」

「ニッポン一 ノ キビダンゴ。」

「一ツ クダサイ、 オトモ シマ
ショウ。」

キジ モ オダンゴ ヲ モラッテ、

ケライ ニ ナリマシタ。

モモタロウ ハ、
犬 サル キジ ヲ
ツレテ、オニガ
シマ ニ ツキマ
シタ。

オニ ハ、テツ
ノ モン ヲ シ
メテ、シロ ヲ マモッテ イマシ
タ。

ブ

モモタロウ ハ、モン ヲ ヤブッテ
セメコミマシタ。
キジ ハ、トビマワッテ、オニ ノ
目 ヲ ツツキマシタ。

サル ト 犬ハ、ヒッカイタリ、
カミツイタリ シマシタ。
モモタロウ ハ、オニ ノ タイシ
ョウ ニ ムカイマシタ。オニ ノ

タイショウ　ハ、イッショウケンメ
イ　ニ　タタカイマシタ　ガ、トウト
ウ　コウサン　シマシタ。
「モウ、ケッシテ　ワルイ　コト
　ハ　イタシマセン。ドウゾ、オ
　ユルシ　クダサイ。」
ト　タノミマシタ。

モモタロウ　ハ、オニ　ヲ　ユルシ
テ　ヤリマシタ。オニ　ハ、オレイ
ニ、イロイロ　ノ　タカラモノ　ヲ、
サシダシマシタ。モモタロウ　ハ、
タカラモノ　ヲ　モッテ、オニガシ
マ　ヲ　ヒキアゲマシタ。

タカラモノ　ヲ　ツンダ　クルマ
ヲ、犬　ガ　ヒキマス。サル　ガ、

アトオシ ヲ シマス。キジ ガ、ツ
ナ ヲ ヒキマス。

「エンヤラ ヤ。」

「エンヤラ ヤ。」

ト、ゲンキ ヨク カエッテ キマ
シタ。

オジイサン ト オバアサン ハ、タ
イソウ ヨロコンデ、モモタロウ
ヲ ムカエマシタ。

ア	イ	ウ	エ	ヲ
カ	キ	ク	ケ	コ
サ	シ	ス	セ	ソ
タ	チ	ツ	テ	ト
ナ	ニ	ヌ	ネ	ノ
ハ	ヒ	フ	ヘ	ホ
マ	ミ	ム	メ	モ
ヤ	イ	ユ	エ	ヨ
ラ	リ	ル	レ	ロ
ワ	(ヰ)	ウ	(ヱ)	ヲ
ン				

キャ	キュ	キョ
シャ	シュ	ショ
チャ	チュ	チョ
ニャ	ニュ	ニョ
ヒャ	ヒュ	ヒョ
ミャ	ミュ	ミョ
リャ	リュ	リョ

ギャ	ギュ	ギョ
ジャ	ジュ	ジョ
(ヂャ	ヂュ	ヂョ)
ビャ	ビュ	ビョ

ガ	ギ	グ	ゲ	ゴ
ザ	ジ	ズ	ゼ	ゾ
ダ	(ヂ)	(ヅ)	デ	ド
バ	ビ	ブ	ベ	ボ

ガ	ギ	グ	ゲ	ゴ
ザ	ジ	ズ	ゼ	ゾ
ダ	(ヂ)	(ヅ)	デ	ド
バ	ビ	ブ	ベ	ボ

パ	ピ	プ	ペ	ポ

ピャ	ピュ	ピョ

一	二	三	四	五	六
七	八	九	十	目	大
山	川	中	日	犬	

オワリ

昭和十四年三月五日翻刻印刷
昭和十四年三月十日翻刻發行

著作權所有

著作兼發行者 朝鮮總督府

京城府大島町三十八番地
翻刻發行兼印刷者 朝鮮書籍印刷株式會社
代表者 井上主計

發行所
京城府大島町三十八番地
朝鮮書籍印刷株式會社

初等國語 一
定價金十二錢

朝鮮總督府 編纂

初等國語讀本 卷二

第1學年 2學期

初等國語讀本　卷二

朝鮮總督府

モクロク

ア	イ	ウ	エ	ヲ
カ	キ	ク	ケ	コ
サ	シ	ス	セ	ソ
タ	チ	ツ	テ	ト
ナ	ニ	ヌ	ネ	ノ
ハ	ヒ	フ	ヘ	ホ
マ	ミ	ム	メ	モ
ヤ	イ	ユ	エ	ヨ
ラ	リ	ル	レ	ロ
ワ	(ヰ)	ウ	(ヱ)	ヲ
ン				

ガ	ギ	グ	ゲ	ゴ
ザ	ジ	ズ	ゼ	ゾ
ダ	(ヂ)	(ヅ)	デ	ド
バ	ビ	ブ	ベ	ボ
パ	ピ	プ	ペ	ポ

[一] トビ

トンビ　ピイヒョロ

ソラ　ノ　ウエ。

マルイ　大キイ

ワ　ヲ　カイテ、

ピイヒョロ、　ピイヒョロ。

ナイテ　イル。

トンビ　ピイヒョロ
タカイ　ソラ。
テンキ　ハ　ヨイ　ゾ
トンビサン。
アス　ハ　ウレシイ
エンソク　ダ。

[二] 山 ノ 上

上 カラ ウンドウバデ 見	山 ノ 上 カラ ハ、ムラ モ タンボ モ 一目 ニ ミエマス。 ムラハズレ ノ ガッコウ ハ、ハコ ヲ ナラベタ ヨウ デス。ウンドウバ デ、アソンデ イル コドモ ハ、アリ ノ ヨウ ニ 見エマス。

イネ ハ、キイロク ナッテ、モウ イネカリ ガ、ハ ジマッテ イマス。

タンボ ノ ムコウ ヲ、キシャ ガ ハシッテ イマ ス。ナガイ、ナガイ キシャ デス。

[三] イネカリ

キョウ ハ、ウチ ノ イネカリ デス。ソラ ハ、ア

オク ハレテ イマス。

オトウサン ト ニイサン ガ、カッテ イラッシャイ

マス。

オカアサン ガ、ハコンデ イラッシャイマス。アル

ク タビ ニ、長イ ホ ガ、ユサユサ ユレマス。

ワタクシ ガ、

「オカアサン、オモイ デショウ ネ。」

ト イイマス ト、オカアサン ハ、

カッテ
イラッ
シャイ
マス

長

ゴラン
オッシ
ャイマ
シタ
私

「ナカナカ　オモイ　ヨ。コノ　ホ　ヲ　ゴラン。」
ト、オッシャイマシタ。

私　ハ、長イ　ホ　ヲ　ニギッテ　ミマシタ。

[四] ウンドウカイ

ウンド ウカイ <u>デシタ</u>	キノウ ハ、ウンドウカイ デシタ。カケッコ ノ ト キ、ムネ ガ ドキドキ シマシタ。
コロン ダ<u>ガ</u>	トチウ デ コロンダ ガ、スグ オキテ ハシリマシ タ。
赤	オヒル カラ ノ ダルマオトシ ニハ、私タチ ノ **赤** ガ カチマシタ。

手	センセイガタ ノ オウダマオクリ ノ トキ ハ、ミ ンナ **手** ヲ タタイテ ヨロコビマシタ。
	ユウゴハン ノ トキ、オカアサン ガ、
ホメテ ク<u>ダサ</u> <u>イマシ</u> <u>タ</u>	「キョウ ハ、ゲンキ デ、ヨク ハシリマシタ ネ。」 ト、ホメテ クダサイマシタ。

[五] センソウゴッコ

ウラ ノ マツ山 デ、センソウゴッコ ヲ シマシタ。

タケチャン ト タイゲンサン ガ、ブタイチョウ ニ ナリマシタ。

マツカサ ノ バクダン ヲ ナゲテ、タタカイマシタ。

タケチャン ノ オトウト ノ マサチャン ニ、バクダン ガ アタリマシタ。

マサチャン ハ、「センシ。」ト イッテ、タオレマシタ。

エイシサン ガ、「シッカリ シ ナサイ。」 ト イッ
テ、オコシマシタ。

タイゲンサン ガ、「ツッコメ。」 ト イイマシタ。

フリナ
ガラ
私 ハ、ヒノマル ノ ハタ ヲ フリナガラ、テキ
ノ ジンチ ニ トビコミマシタ。

ノデ
ユウガタ ニ ナッタ ノデ、ミンナ ヤメテ カエリ
マシタ。

[六] ガン

山 ノ 上 ニ、月 ガ デマシタ。ソラ ガ、水 ノ ヨウ ニ スンデ イマス。

　ガン　ガン　ワタレ。

　　大キナ　ガン　ハ

　　　　サキ　ニ、

　　小サナ　ガン　ハ

　　　　アト　ニ、

　　ナカ　ヨク

　　　　ワタレ。

月
水

小

風

コドモ ノ ウタウ コエ ガ キコエマス。

アカルイ ソラ ヲ、ガン ガ レツ ヲ ツクッテ、

トンデ イキマス。

風 ガ デテ キマシタ。

キビ ノ ハ ガ、サラサラ ト オト ヲ タテテ イ

マス。

[七] コウロギ

下

ニイサン ハ、デントウ ノ 下 デ、オサライ ヲ シテ イラッシャイマス。オトウト ハ、スヤスヤ ネムッテ イマス。

オサイホウ ヲ シテ イラッシャル オカアサン ガ、

　「エイシサン、コウロギ ガ ナイテ イマス ヨ。」

ト、オッシャイマシタ。

　コロ コロ、コロ コロ、

ホンバコ ノ ウシロ ラシイ。カワイイ コエ デ
ス。

ニイサン ガ、

「ドコ ダロウ。」

ト イッテ、タチカケル ト、コウロギ ハ ナキヤミ
マシタ。

コロ コロ、コロ コロ、

シバラク スル ト、マタ ナキダシマシタ。

[八] シリトリ

タイゲン 「シリトリ ヲ シテ アソビマショウ。マ
　　　　　サオサン カラ ハジメテ クダサイ。」

マサオ　　「ヨシ、マリナゲ。」

ユミコ　　「ゲタ。」

エイシ　　「タンス。」

タケオ　　「スズリ。」

ユウキチ 「リ デス ネ。」

タオケ　　「ソウ デス。スズリ デス カラ。」

ユウキチ 「リンゴ。」

タイゲン 「ゴムグツ。」

マサオ　　「ツバメ。」

ユミコ　　「メガネ。」

エイシ　「ネズミ。」

ユウキチ「マタ　ミ　デス　ネ。ミカン。」

タイゲン「ン　デス　カ。ン　ハ　コマル　ナ。」

ユウキチ「ハヤク、ハヤク。」

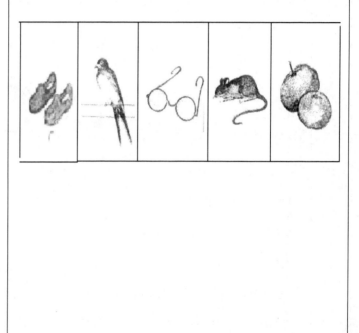

[九] シモ ノ アサ

白

ユウキチサン ニ サソワレテ、ウチ ヲ デマシタ。

ソト ハ、シモ デ マッ白 デス。

ムラハズレ ニ、コウショクサンタチ ガ マッテ イ

マシタ。

コウショクサン ガ、

「ミンナ ソロッタ ネ。サア、デカケマショウ。」

ト イッテ、セントウ ニ タチマシタ。

カゼ ハ ナイ ガ、ツメタイ アサ デス。

來

マ モ ナク、ハシ ノ トコロ ニ 來マシタ。

ハシノ 上 ハ、マルデ ユキ ガ フッタ ヨウ

デス。

白イ シモ ノ 上 ニ、小サナ クツ ノ アト ガ ツイテ イマス。

コウショクサン ガ、

「サア、カケアシ ダ。」

ト イッテ、カケダシマシタ。私タチ ハ、アト ニ ツズキマシタ。

ヤガテ、ガッコウ ガ 見エテ 來マシタ。ミンナ ハ、「一二、一二。」ト カケゴエ ヲ カケナガラ、ゲンキ ヨク ハシリマシタ。

【十】 カエル ノ フユゴモリ

ホッテ イラッ シャイ マシタ	キノウ ガッコウ カラ カエル ト、オトウサン ガ、オニワ ノ スミ ヲ ホッテ イラッシャイマシ タ。
オウエ ニナル	「オトウサン、ナニ ヲ オウエ ニ ナル ノ デス 　カ。」 ト オタズネ スル ト、 「ウエル ノ デハ ナイ。ダリヤ ノ イモ ヲ ウメ 　テ オク アナ ヲ ホル ノ ダ。」 ト オッシャイマシタ。
土	見ル ト、土 ノ 中 ニ、ウゴク モノ ガ イマス。 ボウ デ ツツク ト、アシ ヲ ノバシマシタ。カエ ルデス。カエル ガ、カラダ ヲ マルク シテ、土 ノ カタマリ ノ ヨウ ニ ナッテ イル ノ デス。 「オトウサン、コノ カエル ハ、ドウ シタ ノ デ 　ショウ カ。」 「ネムッテ イル ノ ダ ヨ。」 「ヒルマ ネムッテ イル ノ ハ、オカシイ デス 　ネ。」

「モウ サムク ナッタ カラ ダ。」

「サムク ナル ト、カエ
ル ハ ネムル モノ デ
ス カ。」

「ソウ ダ。フユ ノ ア
イダ、カエル ハ、ナニ
モ タベナイ デ ネ
ムッテ イル ノ ダ。」

「オトウサン、ナニ モ タベナイ デ イテ、シニマ
セン カ。」

「シナイ デ、ハル ニ ナル ト、土 ノ 中 カラ
デテ 來ル ヨ。」

「フシギ デス ネ。」

「ホントウ ニ フシ
ギ ダ。ムシ ニ
ハ、マダ マダ フ
シギナ コト ガ
タクサン アル
ヨ。」

[十一] コブトリ

右 ノ ホウ ニ、大キナ コブ ノ アル オジイサン ガ イマシタ。

木 アル日、山 デ 木 ヲ キッテ イル ト、アメ ガ フッテ 來マシタ。

オジイサン ハ、木 ノ アナ ニ ハイッテ、アメ ノ ヤム ノ ヲ マッテ イマシタ。

オジイサン ハ、イツ ノ マ ニカ、ネムッテ シマイマシタ。目 ガ サメタ トキ ハ、モウ ヨル デ、アメ ハ、スッカリ ヤンデ イマシタ。

見ル ト、オジイサン ノ カクレテ イル 木 ノ マエ ニ、オウゼイ ノ オニ ガ アツマッテ、オドリ ヲ オドッテ イマシタ。

オジイサン ハ、見テ イル ウチ ニ、オドリタクテ タマラナク ナリマシタ。オソロシイ コト モ ワスレテ、木 ノ アナ カラ トビダシマシタ。

オニ ハ、ビックリ シマシタ。

オジイサン ハ、ウタ ヲ ウタイナガラ、イッショウ

ケンメイ ニ オドリマシタ。

オニ ハ、

「コレ ハ オモシロイ。」

「コレ ハ オモシロイ。」

ト イッテ、手 ヲ タタイテ ヨロコビマシタ。

オニ ノ 大ショウ ハ、オジイサン ニ、

「コレ カラ モ、トキドキ 來テ、オドッテ クダサ

イ。」

ト イイマシタ。

オジイサン ハ、

大

「ヨロシイ。コノ ツギ ニハ、モット ジョウズ ニ
　オドッテ 見セマショウ。」
ト イイマシタ。
オニ ノ 大ショウ ハ、大ソウ ヨロコビマシタ。ミ
ンナ ト ソウダン シテ、
「コンド 來テ クダサル トキ マデ、オジイサン
　ノ 右 ノ ホウ ニ アル コブ ヲ、アズカッテ
　オキマショウ。」
ト イイマシタ。
オジイサン ハ、
「コレ ハ 大ジナ コブ デス。アズケル コト ハ
　デキマセン。」
ト イッテ、オシソウナ フウ ヲ シマシタ。
オニ ノ 大ショウ ハ、オジイサン ノ コブ ヲ
トッテ シマイマシタ。
ヨ ガ アケマシタ。
オニ ハ、ドコ ニモ イマセン デシタ。
オジイサン ハ、ユメ ヲ ミテ イタ ノ デハ ナイ
カ ト オモイマシタ。

左

右ノ ホウ ヲ
ナデテ ミマシタ。
左ノ ホウ ヲ
ナデテ ミマシタ。
右ノ ホウ ニ
モ、コブ ハ アリ
マセン デシタ。左
ノ ホウ ニモ、コ
ブ ハ アリマセン
デシタ。

【十二】オキャクアソビ

テイシサン ト ミツコサン ガ、オキャクアソビ ヲ
シテ イマス。

テイシサン ガ、オキャク ニ ナッテ 來マシタ。

テイシ 「ゴメン クダサイ。」

イラッ
シャイ
マセ

ミツコ 「イラッシャイマセ。」

ミツコサン ハ、テイシサン ヲ オザシキ ニ トウ
シマシタ。

テイシ 「コンニチ ハ。」

イラッ
シャイ
マシタ

ミツコ 「ヨク イラッシャイマシタ。」

ミツコサン ハ、オチャ ト オカシ ヲ ダシマシタ。

ミツコ 「ドウゾ、オアガリ クダサイ。」

テイシ 「アリガトウ ゴザイマス。」

[十三] ワタシ ノ ニンギョウ

ワタシ ノ ニンギョウ ハ、
カワイイ ニンギョウ。
ワタシ ガ、ウタ ヲ
ウタッテ ヤル ト、
イツモ、ニコニコ
ワライマス。

ワタシ ノ ニンギョウ ハ、
カワイイ ニンギョウ。
ワタシ ガ、ドンナ ニ
オコッテ イテ モ、
ヤッパリ、ニコニコ
ワラッテ イマス。

［十四］カイモノ

「コンニチ ハ。」

「イラッシャイマセ。」

「エンピツ ヲ クダサイ。」

「ソコ ニ アリマス カラ、ゴラン クダサイ。」

「コレ ハ、イクラ デス カ。」

「ニセン デス。ナカナカ ヨク カケマス ヨ。」

「ソレ デハ、コレ ヲ イタダキマショウ。ソレカ
ラ、ガクシウチョウ ヲ 一サツ クダサイ。」

イタダ
キマシ
ョウ

アゲマ
ショウ
カ

「ナン ノ ガクシウチョウ ヲ アゲマショウ カ。」

「ヨミカタ ノ ガクシウチョウ ヲ クダサイ。」

「ハイ、コレ ハ 五セン デス。」

「ソレ デハ、十セン デ トッテ クダサイ。」

「ミンナ デ、七セン イタダキマス。三セン ノ オ
ツリ デス。」

「サヨウナラ。」

「サヨウナラ。アリガトウ ゴザイマシタ。」

[十五] ネズミ ノ ヨメイリ

生	ネズミ ノ アカチャン ガ、生マレマシタ。
	ダンダン 大キク ナッテ、ヨイ ムスメ ニ ナリマシタ。
	オトウサン モ、オカアサン モ 大ヨロコビ デ、
子	「ホントウ ニ ヨイ 子 ダ。コンナ ヨイ 子 ヲ、ネズミ ノ オヨメサン ニ スル ノ ハ オシイ。セカイジウ デ、一バン エライ 人 ノ オヨメサン
人	ニ シタイ。」 ト カンガエマシタ。

オトウサン ト オカアサン ハ、ソウダン シテ、オ日サマ ノ トコロ ヘ

オヨメ ニ アゲル
コト ニ シマシタ。
オトウサン ハ、オ日
サマ ノ トコロ ヘ
イッテ、

「私 ノ ウチ ニ、大ヘン ヨイ ムスメ ガ アリマ
ス。セカイジウ デ、一バン エライ 人 ノ トコ
ロ ヘ アゲタイ ト オモイマス。一バン エライ
人 ハ、アナタ デス。ドウカ、私 ノ ムスメ ヲ
モラッテ クダサイ。」

ト タノミマシタ。

オ日サマ ハ、

「アリガタイ ガ、オコトワリ シマショウ。セカイ
ジウ ニハ、私 ヨリ モット エライ 人 ガ
イマス カラ。」

ト オッシャイマシタ。

ネズミ ノ オトウサン ハ、ビックリ シテ、

「ソレ ハ ダレ デス カ。」

ト タズネマシタ。

オ日サマ ハ、

「ソレ ハ クモサン デス。イクラ 私 ガ テッテ
イテ モ、クモサン ガ 來ル ト、カクサレテ シ
マイマス。クモサン ニハ、カナイマセン。」

ト オッシャイマシタ。

ネズミ ノ オトウサン ハ、クモ ノ トコロ ヘ
イッテ、

「セカイジウ デ、一バン エライ アナタ ニ、ムス
メ ヲ アゲタイ ト オモイマス。」

ト イイマシタ。

クモ モ コトワリマシタ。ソウシテ、

「セカイジウ ニハ、私 ヨリ モット エライ 人
ガ イマス カラ。」

ト イイマシタ。

ネズミ ノ オトウサン ハ、ビックリ シテ、

「ソレ ハ ダレ デス カ。」

ト タズネマシタ。

クモ ハ、

「ソレ ハ 風サン デス。イクラ 私 ガ ソラ ニ
イバッテ イテ モ、風サン ガ 來ル ト、フキト
バサレテ シマイマス。風サン ニハ、カナイマセ
ン。」

ト イイマシタ。

ネズミ ノ オトウサン ハ、風 ノ トコロ ヘ イッテ、

「セカイジウ デ、
一バン エライ ア
ナタ ニ、ムスメ
ヲ アゲタイ ト
オモイマス。」
ト イイマシタ。

風 モ コトワリマシタ。

ソウシテ、

「セカイジウ ニハ、私 ヨリ モット エライ 人
ガ イマス カラ。」
ト イイマシタ。

ネズミ ノ オトウサン ハ、

「ソレ ハ ダレ デス カ。」
ト タズネマシタ。

風 ハ、

「ソレ ハ カベサン デス。イクラ 私 ガ イッ
ショウケンメイ ニ ナッテ フイテ モ、カベサン
ハ ヘイキ デ イマス。カベサン ニハ、カナイマ
セン。」

ト イイマシタ。

ネズミ ノ オトウサン ハ、カベ ノ トコロ ヘ イッテ、

「セカイジウ デ、一バン エライ アナタ ニ、ム スメ ヲ アゲタイ ト オモイマス。」

ト イイマシタ。

カベ モ コトワリマシタ。ソウシテ、

「セカイジウ ニハ、**私** ヨリ モット エライ **人** ガ イマス カラ。」

ト イイマシタ。

ネズミ ノ オトウサン ハ、

「ソレ ハ ダレ デス カ。」

ト タズネマシタ。

カベ ハ、

「ソレ ハ ネズミサン デス。ネズミサン ニ ガリ ガリ ト カジラレテ ハ、タマリマセン。」

ト イイマシタ。

「ネズミ ノ オトウサン ハ、ナルホド、セカイジウ デ 一バン エライ ノ ハ、ネズミ ダ。」ト オ モイマシタ。

ソウシテ、ムスメ ヲ、
キンジョ ノ ネズミ
ノ オヨメサン ニ シ
マシタ。

【十六】カゲエ

方

ユウベ ハ、ミンナ デ、カゲエ ヲ シテ アソビマシタ。

ネイサン ガ、

　「私 ガ、ハジメ ニ ヤッテ ミマショウ。ミンナ、

　　カベ ノ 方 ニ ムイテ クダサイ。」

ト オッシャイマシタ。

カベ ノ 方 ヲ 見テ イルト、犬 ノ カタチ ガ ウツリマシタ。

オトウト ガ、

　「ヤア、犬 ダ、犬 ダ。」

ト イッテ イル ウチ ニ、

出

犬 ハ キエテ、トビ ガ 出マシタ。

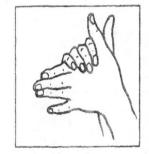

ミンナ ガ、

　「ウマイ、ウマイ。」

ト ホメマシタ。

「コンド ハ、**私 ガ** ヤッ
テ ミヨウ。」
ト イッテ、オトウサン ガ、
ウシロ ニ オタチ ニ ナリ
マシタ。

マ モ ナク、キツネ ガ **出**
マシタ。

オトウサン ガ、

「サア、キツネ ダ。コン、コン。」

ト イイナガラ、キツネ ノ
口 ヲ オウゴカシ ニ ナリ
マシタ。
オトウト ガ、**手** ヲ タタイ
テ ヨロコビマシタ。

アト デ、ネイサン カラ、
ユビ ノ クミカタ ヲ オシ
エテ イタダキマシタ。

ロ

[十七] トラ ト ホシガキ

オク山 ノ トラ ガ、オナカ ガ スイタ ノデ、ムラ
ヘ 出テ 來マシタ。

ナニ カ タベモノ ハ ナイ カ ト、サガシマワリマ
シタ。

「アアン、アアン。」

泣

コドモ ノ 泣ク コエ ガ キコエマス。

「オヤ、コドモ ガ 泣イテ イル。」

トラ ハ、コエノ スル マド ノ 下 ニ イキマシタ。

「アアン、アアン。」

オカアサン ガ、イロイロ ナダメテ イル ガ、コド
モ ハ 泣キヤミマセン。

「ソラ、ヌクテ ガ 來タ ヨ。」

ト、オカアサン ガ イイマシタ。コドモ ハ、ヤッパ
リ 泣イテ イマス。

「アレ、大キナ 山ネコ ガ 來タ。」

ソレ デモ、コドモ ハ 泣キヤミマセン。

トラ ハ、

「ナント ツヨイ コドモ ダロウ。ヌクテ モ、山ネ
コ モ コワク ナイ ラシイ。」

ト カンシンシマシタ。

「アアン、アアン。」

外

「ソラ、大キナ
トラ ガ、マド
ノ 外 ニ 來
タ ヨ。」

ト オカアサン ガ
イイマシタ。

トラ ハ ビックリ
シテ、シリモチ
ヲ ツキマシタ。

「オレ ガ ココ ニ イル コト ガ、ドウシテ ワ
カッタ ノ ダロウ。オヤ、コドモ ハ、マダ 泣
イテ イル。ココ ニ イル オレ ガ、オソロシク
ナイ ノ ダロウ カ。」

「アアン、アアン、アアン。」

コドモ ハ、マエ ヨリ モ 大キナ コエ デ 泣出シ
マシタ。

「ソレッ、ホシガキ。」

ト、オカアサン ガ イイマシタ。コドモ ハ、スグ
泣キヤミマシタ。

「オヤ、泣キヤンダ ゾ。ホシガキ ト イウ ノ
ハ、ナン ダロウ。キット、ヌクテ ヨリ モ、オ
レ ヨリ モ ツヨイ モノ ニ チガイ ナイ。ツカ
マッテ ハ 大ヘン ダ。」

トラ ハ、オク山 ヘ ニゲテ イキマシタ。

【十八】ユキ ノ アサ

目 ガ サメマシタ。

マド ノ 外 デ、

「オトウサン、ドンドン ツモリマス ネ。」

ト イウ ニイサン ノ コエ ガ シマス。

私 ハ、トビオキテ マド ヲ アケマシタ。ミチ

モ、ハタケ モ 一メン ノ 雪 デス。ニワ ノ 松

ノ 木 ハ、ワタ ヲ カブッタ ヨウ デス。

ウラ ノ 松山 デ、ズドン ト テッポウ ガ ナリマ

シタ。スズメ ガ、チウチウ ナキナガラ ニゲテ 來

マシタ。

私 ハ、キモノ ヲ キカエテ、外 ニ 出マシタ。ニ

雪
松

雲
空

イサン ト オトウサン ガ、一ショウケンメイ ニ、
雪カキ ヲ シテ イラッシャイマス。
雪 ハ、イツ ノ マ ニカ ヤンデ、雲 ノ キレメ
カラ、アオイ 空 ガ ノゾイテ イマス。

[十九] ギッコンバッタン

ギイッコンコ、バッタンコ。

アカイ　キモノ　ガ　アガッタ。

キイロイ　キモノ　ガ　サガッタ。

ギイッコンコ、バッタンコ。

キイロイ　キモノ　ガ　アガッタ。

アカイ　キモノ　ガ

　　　　　　　　サガッタ。

ギイッコンコ、バッタンコ。

アガッタ　サガッタ　オモシロイ。

オヤネ　ノ　スズメ　モ　ナガメテル。

[二十] コウチャン

前	オンドル デ、オリガミ ヲ シテ イル ト、オカアサン ガ、 「オウジュンサン、コレ ヲ 出シテ 來テ チョウダイ。」 ト イッテ、ハガキ ヲ オワタシ ニ ナリマシタ。 私 ハ、 「ハイ。」 ト イッテ、スグ オウチ ヲ 出マシタ。 モン ノ 前 デ、コウチャン ガ アソンデ イマシタ。私 ヲ ミツケル ト、 「ネイチャン、私 モ ツレテ イッテ チョウダイ。」 ト イイマシタ。 私 ハ、手 ヲ ヒイテ、一ショ ニ イキマシタ。 マ モ ナク、ポスト ノ トコロ ニ 來マシタ。コウチャン ガ、
入	「私 ニ 入レサセテ ネ。」 ト イイマシタ。

私 ハ、コウチャン ヲ ダッコシテ、ハガキ ヲ 入

レサセマシタ。

[二十一] キシャ

音

「ゴウッ。。」

ト、トウク ノ 方 デ、音 ガ シマシタ。

「キシャ ダ。エイキサン、見 ニ イコウ。」

ト、ニイサン ガ イイマシタ。

ボクタチ ハ、ハタケ ノ 中 ノ ミチ ヲ ハシッ
テ、センロ ノ 方 ヘ イキマシタ。

キシャ ハ、見ル マ ニ 大キク ナッテ、コッチ
ヘ 來マス。

「カモツレッシャ ダ。長イ、長イ。」

ト、ニイサン ガ イイマシタ。

「シュッ、シュッ、シュッ、シュッ。」

ト、キカンシャ ガ、大キナ 音 ヲ タテテ、トウリ
マシタ。

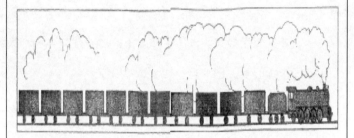

「イクツ アル カ、カゾエテ ミヨウ。」
ト、ニイサン ガ イイマシタ。

車　クロイ ハコ ノ 車 ガ、アト カラ イクツ モ 來
マス。

「一、二、三、四。」

時　ト カゾエテ、十二 マデ 來タ 時、牛 ノ タクサン
牛　ノッテ イル 車 ガ、イクツ カ トウリマシタ。

「オヤ。」 ト、オモッテ イル アイダ ニ、

石

私 ハ、車 ノ カズ ガ、ワカラナク ナリマシタ。
牛 ノ アト カラ、大キナ 木 ヲ ツンダ 車 ヤ、
石 ヲ ツンダ 車 ガ、イクツ モ トウリマシタ。
オシマイゴロ ニ ナル ト、ニイサン ハ、大キイ
コエ ヲ 出シテ、カゾエマシタ。

　「三十六、三十七、三十八。ミンナ デ、三十八 ア
ッタ。」
ト イイマシタ。

キシャ ハ、ダンダン 小サク ナッテ、トウク ノ
方 ヘ イッテ シマイマシタ。
私 ハ、サッキ 見タ 牛 ノ コト ヲ カンガエテ、
　「私 モ、キシャ ニ ノリタイ ナア。」
ト オモイマシタ。

[二十二] ハナサカジジイ

ムカシ　ムカシ、アル
トコロ　ニ、オジイサ
ン　ガ　イマシタ。犬
ヲ　一ピキ　カッテ、大
ソウ　カワイガッテ　イ
マシタ。

アル日、犬ガ、ハタケ　ノ　スミ　デ、
　「ココ　ホレ、ワンワン、ココ　ホレ、ワンワン」
ト　ナキマシタ。

オジイサン　ガ、ソコ
ヲ　ホッテ　ミマス　ト、
土　ノ　中　カラ、オ
カネ　ヤ　タカラモ
ノ　ガ、タクサン　出
マシタ。
トナリ　ノ　オジイサン
ハ、ヨク　ノ　フカイ

人 デシタ。コノ ハナシ ヲ キイテ、犬 ヲ カリ ニ 來マシタ。ソウシテ、ムリ ニ 犬 ヲ ナカセ テ、ハタケ ヲ ホッテ ミマシタ ガ、キタナイ モ ノ バカリ 出マシタ。オジイサン ハ、オコッテ 犬 ヲ コロシテ シマイマシタ。

犬 ヲ カワイガッテ イタ オジイサン ハ、大ソウ カナシミマシタ。ソウシテ、犬 ノ オハカ ヲ ツ クッテ、ソコ ヘ、小サナ 松 ヲ、一ポン ウエマシ タ。

松 ハ、ズンズン 大キク ナリマシタ。オジイサン ハ、ソノ 松 ノ 木 デ、ウス ヲ コシラエマシ タ。ソレ デ 米 ヲ ツク ト、オカネ ヤ タカラモ ノ ガ、タクサン 出マシタ。

バカリ

米

トナリ ノ オジイサン ハ、マタ ソノ ウス ヲ カリ ニ 來マシタ。ソウシテ、米 ヲ ツイテ ミマシタ ガ、キタナイ モノ バカリ 出マシタ。マタ オコッテ、ウス ヲ コワシテ、火 ニ クベテ シマイマシタ。

犬 ヲ カワイガッテ イタ オジイサン ハ、ソノ ハイ ヲ モラッテ 來マシタ。スルト、風 ガ フイテ 來テ、ハイ ヲ トバシマシタ。ソレ ガ、カレ木 ノ エダ ニ カカッタ カト オモウ ト、一ド ニ パット 花 ガ サキマシタ。

オジイサン ハ ヨロコビマシタ。ハイ ヲ ザル ニ 入レテ、

　「花サカジジイ、花サカジジイ、カレ木 ニ 花 ヲ サカセマショウ。」

ト、イッテ アルキマシタ。

火

花

トノサマ ガ オトウリ ニ ナッテ、

「コレ ハ オモシロイ。花 ヲ サカセテ ゴラン。」

ト オッシャイマシタ。

オジイサン ハ、カレ木 ニ ノボリマシタ。ソウ

シテ、ハイ ヲ マキマス ト、カレ木 ニ 花 ガ

サイテ、一メン ニ、

花ザカリ ニ ナリマ

シタ。

「コレ ハ フシギ

ダ。キレイ ダ、キ

レイ ダ。」

ト オホメ ニ ナッ

テ、ゴホウビ ヲ、タ

クサン クダサイマシタ。

トナリ ノ オジイサン ハ、ノコッテ イタ ハイ

ヲ カキアツメテ、カレ木 ニ ノボッテ、トノサマ

ノ オカエリ ヲ マッテ イマシタ。ソコ ヘ、トノ

サマ ガ、オトウリ ニ ナッテ、

「モウ 一ド、花 ヲ サカセテ ゴラン。」

ト　オッシャイマシタ。

オジイサン　ハ、ハイ　ヲ　ツカンデ　マキマシタ。イ
クラ　マイテ　モ、花　ハ　サキマセン。シマイ　ニ、
ハイ　ガ、トノサマ　ノ　目　ヤ　口　ニ、ハイリマシ
タ。

トノサマ　ハ、

「コレ　ハ、ニセモノ　ダ。ニクイ　ヤツ　ダ。」

ト　オッシャイマシタ。

オジイサン　ハ、トウ
トウ　シバラレテ　シ
マイマシタ。

上 見 長 私 赤 手 月 水 小 風 下
白 來 土 右 木 左 生 子 人 方 出
口 泣 外 雪 松 雲 空 前 入 音 車
時 牛 石 米 火 花

オワリ

昭和十四年九月五日翻刻印刷
昭和十四年九月十日翻刻發行

初等國語二

定價金十四錢

著作權所有

著作兼發行者 朝鮮總督府

翻刻發行者 京城府大島町三十八番地 朝鮮書籍印刷株式會社

代表者 井上主計

發行所 京城府大島町三十八番地 朝鮮書籍印刷株式會社

朝鮮總督府 編纂

初等國語讀本 卷三

第2學年 1學期

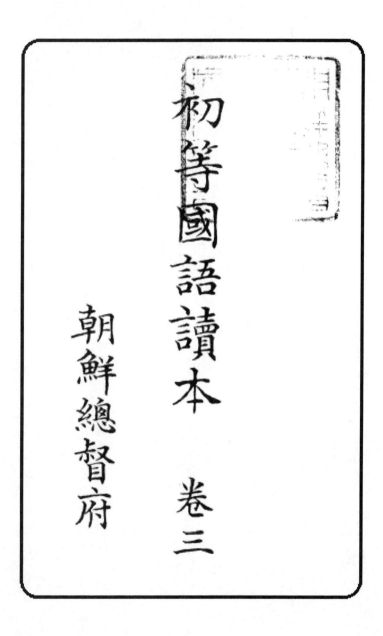

初等國語讀本　卷三

朝鮮總督府

モクロク

ア　イ　ウ　エ　オ
カ　キ　ク　ケ　コ
サ　シ　ス　セ　ソ
タ　チ　ツ　テ　ト
ナ　ニ　ヌ　ネ　ノ
ハ　ヒ　フ　ヘ　ホ
マ　ミ　ム　メ　モ
ヤ　イ　ユ　エ　ヨ
ラ　リ　ル　レ　ロ
ワ　(ヰ)　ウ　(ヱ)　ヲ
ン

ガ　ギ　グ　ゲ　ゴ
ザ　ジ　ズ　ゼ　ゾ
ダ　(ヂ)　(ヅ)　デ　ド
バ　ビ　ブ　ベ　ボ
パ　ピ　プ　ペ　ポ

[一] レンギョウ ガ サイタ

レンギョウ ガ サイタ。

オニワ ノ スミ ニ、

カキネ ノ 上 ニ

マブシク サイタ。

　キイロ ニ、 キイロ ニ

　マブシク サイタ。

レンギョウ ガ サイタ。

ヒナタ ノ オカ ヲ、

フモト ノ イエ ヲ

ウズメテ サイタ。

　キイロ ニ、 キイロ ニ

　ウズメテ サイタ。

[二] ハヤオキ

	「勇(ユウ)チャン、サア オキヨウ。」
	ニイサン ノ コエ デ、目 ガ サメマシタ。モウ、ショウジ ガ アカルク ナッテ イマス。
東	私 ハ、キモノ ヲ キカエテ 外 ニ 出マシタ。東 ノ 空 ガ、ウスアカク ナッテ イマス。カラス ガ 二三バ、ナキナガラ トンデ イキマス。
金色	キウ ニ、山 ノ 上 ガ 赤ク ナリマシタ。サット、金色 ノ ヒカリ ガ サシタ カ ト オモウ ト、マッカナ オ日サマ ガ、カオ ヲ 出シマシタ。
	「ア、オ日サマ ガ 出ハジメタ。ニイサン、ニイサン。」

大キイ コエ デ ヨンダ ガ、ヘンジ ガ アリマセ
ン。

イソイデ イドバタ ヘ イッテ ミマシタ。ニイサン
ハ、「一二、一二。」ト カケゴエ ヲ カケナガラ、
レイスイマサツ ヲ シテ イマス。

私 ヲ 見ル ト、

　「勇チャン、ハヤク カオ ヲ アラッテ、宮城(キ
　　ウジョウ)ヲ 遥拝(ヨウハイ) シヨウ。」

ト イイマシタ。

オ日サマ ハ、スッカリ 山 ノ 上 ニ 出マシタ。

牛ゴヤ カラ、牛 ノ ナキゴエ ガ キコエテ 來マ
ス。

[三] オ日サマ ト コドモ

向	コドモ 「オ日サマ、モウ 山 ノ 向コウ ヘ イラッシャル ノ デス カ。」
行 バナリ マセン	オ日サマ 「ソウ デス。モウ 行カナケレバ ナリマ セン。」
少 ナルト	コドモ 「ドウカ、モウ 少シ マッテ クダサイ。 クラク ナル ト、アソベマセン カラ。」
	オ日サマ「アナタ ハ ヨイ 子 ダ カラ、モット イテ アゲタイ ガ、山 ノ 向コウ ニ モ、アナタ ノ ヨウ ナ ヨイ コドモ ガ、マッテ イルノ デス。

　　　　　キョウ　ハ、モウ　オカエリ　ナサイ。」

出　コドモ　「ソレ　デハ、マタ　アシタ　オ出デ　クダ
　　　　　サイ。」

オ日サマ　「エエ、マイリマショウ。」

コドモ　「オ日サマ、サヨウナラ。」

オ日サマ　「サヨウナラ。」

[四] トケイ

學校	キノウ、**學校** カラ カエル ト、オトウサン ガ、
	「ドウ ダ **勇吉**(ユウキチ)、イイ トケイ ダロ
今日	ウ。**今日**、マチ カラ カッテ **來タ** ノ ダ。」
	ト オッシャッテ、ハシラ ノ **上** ヲ ユビサシマシ
	タ。
	大キナ トケイ ガ、フリコ ヲ ピカピカ ヒカラセ
	ナガラ、「カッチン、カッチン」 ト、**動**(ウゴ)イテ イ
	マス。

ユウゴハン ノ **時** ニ、オカアサン ガ、

「**順子**(ジュンコ)サン、**家** ノ **中** ガ、

家

キウ ニ ニギヤカ ニ ナリマシタ

ネ。」

ト オッシャイマシタ。

オトウサン ガ、

「コレ カラ ジカン ヲ キメテ、ナン デモ キマ

リ ヨク シヨウ。」

ト オッシャル ト、ネイサン ガ、

「ネル ジカン ト、オキル ジカン ヲ キメマショ

ウ。」

ト イイマシタ。

私 ガ、

「**學校** ヘ **行**ク ジカン モ、キメマショウ。」

ト イウ ト、オトウサン ハ、トケイ ヲ **見**ナガラ、

「ソレ ハ イイ ネ。シカシ、ジカン ヲ キメテ

モ、マモラナケレバ トケイ ニ ワラワレル ヨ。」

ト オッシャイマシタ。

ジカン
モ

[五] 天長節〔テンチョウセツ〕

早	キノウ ハ 天長節 デシタ。早ク オキテ、國旗(コッキ) ヲ タテマシタ。
時長先生	九時 カラ、學校 デ シキ ガ アリマシタ。校長先生 ガ、オチョクゴ ヲ オヨミ ニ ナリマシタ。オチョクゴ ノ アト デ、
日本中デモ	「天長節 ハ、天皇陛下(テンノウヘイカ) ガ オ生マレ アソバサレタ オメデタイ 日 デ ゴザイマス。日本中、ドコ デモ 國旗 ヲ タテテ、オイワイ ヲ イタシマス。東京(トウキョウ) デハ、カンペイシキ ガ ゴザイマシテ、天皇陛下 ガ、オ出マシ ニ ナリマス。」

ト、オハナシ ヲ シテ タダサイマシタ。

カエッテ カラ、一郎(イチロウ)サン ヤ 光一(コウ
イチ)サント、オミヤ ノ 山 ニ ノボリマシタ。
村(ムラ)ノ 方 ヲ 見ル ト、ドノ 家 ニモ、國旗
ガ タッテ イマシタ。ハタケ ノ 中 ノ 一ケンヤ
ニモ、國旗 ガ タッテ イマシタ。

［六］ナワトビ

四

一ダン　二ダン、
ナワ　トンダ、トンダ。

三ダン　トンダ、
四ダン　モ　トンダ。

五ダン　ノ　ナワ　モ、
ツズイテ　トンダ。

六ダン、七ダン、
八ダン　トンダ。

九ダン、十ダン、
ナワ　トンダ、トンダ。

［七］カンガエモノ

箱	「コノ 箱 ノ 中 ニ、イキモノ ガ イマス。アテ テ ゴラン ナサイ。」 「ソンナ 小サイ 箱 ノ 中 ニ イテ、クルシク ナイ デショウ カ。」 「クルシク ハ アリマセン。」
虫 動 足	「アリ ノ ヨウ ニ、小サナ 虫 デス ネ。」 「イイエ。箱 一パイ ニ フサガッテ イマス。」 「ソレ デハ、動ケナイ デハ アリマセン カ。」 「コノ イキモノ ハ、ハネ モ 足 モ ナイ カラ、アルキ モ トビ モ イタシマセン。」 「ドンナ カタチ デス カ。」 「マルイ ケレドモ、マリ ノ ヨウ ニ マンマル デハ アリマセン。」 「コマリマシタ ネ。ドンナ カオ ヲ シテ イマス カ。」 「カオ ハ アリマセン。」 「カタイ モノ デス カ。」 「外ガワ ハ カタイ ガ、中 ハ ヤワラカデス。」 「ワカリマシタ。卵(タマゴ) デス。」

[八] ヒヨコ

勇吉 所	オトウサン　ガ、 　「勇吉、ヒヨコ　ガ　カエッタ　ヨ。」 ト　オッシャイマシタ。 ボク　ガ　見ニ　行クト、ヒヨコ　ガ、オヤドリ　ノ ムネ　ノ　所　カラ、小サナ　アタマ　ヲ　出シテ、ピ ヨ、ピヨ、ト　ナイテ　イマス。ハネ　ノ　下　ニモ、 二三バ　イル　ヨウ　デス。ヒヨコ　ガ　ナク　ト、オ ヤドリ　ハ、ハナシ　デモ　スル　ヨウ　ニ、コ、コ、 コ、コ、ト　イイマス。 ボク　ハ、ヒヨコ　ガ　カワイクテ　タマリマセン。

【九】 春[ハル]子サン

年 國語	春子サン ハ 一年生 デス。學校 ニ ハイッテ カラ、マダ、二月 シカ タチマセン ガ、ダイブン 國語 ガ デキル ヨウ ニ ナリマシタ。 ハジメ ノ アイダ ハ、ヒルマ アッテ モ、「オハヨウ ゴザイマス。」ト、イッテ イマシタ ガ、コノゴロ ハ、「コンニチ ハ。」 ト、イウ ヨウ ニ ナリマシタ。
二人	コノアイダ、二人 デ デンワゴッコ ヲ シマシタ。 私 ガ、デンワ ヲ カケル ト、春子サン ハ、 　「モシ、モシ、タイヘン オマタ──。」 ト イイカケテ、ダマッテ シマイマシタ。
思	「ドウ シタ ノ ダロウ。」ト 思ッテ、カオ ヲ 見ル ト、口 ヲ モグモグ サセテ イマス。「タイヘン オマタ──。」 ノ ツギ ガ、イエナイ ラシイ ノ デス。 　「オマタセ シマシタ──デショウ。」 ト イイマス ト、 　「ア、ソウ デシタ。」

ト イッテ、「オマタセ シマシタ。」「オマタセ シ
マシタ。」 ト、ナンベン モ クリカエシマシタ。
ケサ、サソイ ニ 行キマス ト、
「オマタセ シマシタ。」
ト イッテ、出テ 來マシタ。
「ジョウズ ニ ナリマシタ ネ。」
ト イイマス ト、春子サン ハ、ニッコリ ワライマ
シタ。

[十] タンポポ

一

コドモ 「ア、タンポポ ガ キレイ ニ サイテ イル。ニイサン、トッテ カエリマショウ。」

タンポポ「ボッチャン、ドウカ、シラガアタマ ニ ナル マデ、トラナイ デ 下サイ。」

コドモ 「イツ、シラガアタマ ニ ナリマス カ。」

タンポポ「モウ、ジキ デス。」

上

二

「ニイサン、白イ ワタ ノ ヨウナ モノ ガ、トンデ イマス ネ。」

「アレ ガ、タンポポ ノ ミ ダ ヨ。ソコ ニ アル
　タンポポ ノ シラガ ヲ フイテ ゴラン。」
私 ハ、シラガアタマ ヲ フウト フキマシタ。白イ
ワタ ノ ツイタ ミ ガ、フワリ フワリ ト トンデ
行キマシタ。
　「勇チャン、アアシテ 方方 ニ トビチッテ、ナカ
　マ ヲ フヤス ノ ダ ヨ。」
　「ニイサン、一ツ ノ 花 ニ デキル ミ ノ カズ
　ハ、イクツ グライ アル デショウ。」
　「サア、イクツ グライ アル カ ネ。」
　「シラベラレナイ デショウ カ。」

「デキル ネ。カンガエテ ゴラン。」

三

私 ハ、タンポポ ノ 花 ニ、ミ ガ ドレ グライ アル カ、シラベテ ミマシタ。

ウエキバチ ニ 土 ヲ 入レテ、一ツ ノ 花 ニ デキタ ミ ヲ、ノコラズ マキマシタ。

一月 アマリ タツ ト、カワイイ メ ガ、タクサン 出マシタ。

私 ハ、ウエキバチ ノ 土 ヲ、スッカリ 水 デ ナガシテ、芽 ト 根 ノ ソロッタ ノ ヲ、カゾエテ ミマシタ。ミンナ デ、七十四本 アリマシタ。

私 ハ、タンポポ ノ フエル 力 ノ ツヨイ ノ ニ、オドロキマシタ。

芽
根

力

[十一] 國ビキ

國 神 土地	大ムカシ ノ コト デス。 神サマ ガ、ドウカシテ コノ 國 ヲ モット ヒロク シタイ ト、オカンガエ ニ ナリマシタ。國 ヲ ヒロク スル ニハ、ドコ カ ノ アマッタ 土地 ヲ モッテ 來テ、ツギアワセタラ ヨカロウ ト、オカンガエ ニ ナリマシタ。 神サマ ハ、ウミ ノ 上 ヲ、ズット オ見ワタシ ニ ナリマシタ。スルト、東 ノ 方 ノ トウイ 國 ニ、アマッタ 土地 ノ アル ノ ガ 見エマシタ。 

太	ソコデ、神サマ ハ、ソノ 國 ニ、太イ、太イ ツナ ヲ カケテ、アリッタケ ノ 力 ヲ 出シテ、オヒキ ニ ナリマシタ。
來	「コッチ ヘ 來イ、 　エンヤラ ヤ。 　コッチ ヘ 來イ、 　エンヤラ ヤ。」 ト、カケゴエ イサマシク オヒキ ニ ナリマス ト、ソノ 土地 ガ チギレテ、動キ出シマシタ。ソ ウシテ、大キナ 舟 ノ ヨウ ニ、ウミ ノ 上 ヲ、
舟	グングン ト コッチ ヘ ヤッテ 來マシタ。 神サマ ハ、ソノ 土地 ヲ コノ 國 ニ ツギアワセ テ、國 ヲ ヒロク ナサイマシタ。シカシ、マダ セ マイ ト オカンガエ ニ ナリマシタ。 ソコデ、マタ ウミ ノ 上 ヲ オ見ワタシ ニ ナリ
西	マシタ。コンド ハ、西 ノ 方 ノ トウイ 國 ニ、 ヤハリ アマッタ 土地 ノ アル ノ ガ 見エマシ タ。 神サマ ハ、ソノ 土地 ニモ ツナ ヲ カケテ、

「コッチ ヘ 來イ、

エンヤラ ヤ。

コッチ ヘ 來イ、

エンヤラ ヤ。」

ト、カ 一パイ オヒキ ニ ナリマシタ。コレ モ、
大キナ 舟 ノ ヨウ ニ 動イテ、コッチ ヘ ヤッ
テ 來マシタ。

神サマ ハ、コウシテ 日本 ノ 國 ヲ ヒロク ナ
サッタ ト イウ コト デス。

[十二] ウサギ

私 ノ ウチ デハ、ウサギ ヲ 二ヒキ カッテ イマス。

昨日、學校 カラ カエッテ ミル ト、小サイ 方 ノ ウサギ ガ イマセン。オニワ ヲ サガス ト、ホウセンカ ノ カゲ デ、ネムッテ イマシタ。

チカヨッテ、耳 ヲ ヒッパリマシタ。ウサギ ハ ビックリ シテ、ピョン ピョン ト、イドバタ ノ 方 ヘ ニゲテ イキマシタ。アト ヲ オッカケテ 行ク ト、オカアサン ガ、

昨日

耳

「京子(キョウコ)サン、イジメナイデ、箱　ノ　中
ニ　入レテ　オヤリ　ナサイ。」
ト　オッシャイマシタ。
私　ハ、箱　ニ　入レテ、オウバコ　ノ　ハ　ヲ　ヤリマ
シタ。ウサギ　ハ、小サナ　口　ヲ　モグモグ　サセ
テ、オイシソウ　ニ　タベマシタ。

[十三] トンボ

トンボ、トンボ。

庭 ノ カキネ 二、

トンボ ガ 一ピキ

トマッタ。

グルリ グルリ、

指 デ ワ ヲ カク ト、

ギラリ ギラリ、

目玉 ガ **光**(ヒカ)ル。

庭

指

玉

羽

チョット **羽** ヲ

ツマモウ ト シタラ、

スイト、アッチ ヘ

ニゲテ イッタ。

[十四] ネンド デ ツクッタ 牛

ネンド ノ ヨウイ ガ デキル ト、**先生** ガ、

　「**今日** ハ、ミナサン ノ スキナ モノ ヲ オツク

　　リ ナサイ。」

ト オッシャイマシタ。

光一君(コウイチクン) ハ、

　「ボク ハ、チャワン ヲ ツクロウ。」

ト イッテ、ネンド ヲ コネハジメマシタ。ボク

ハ、**牛** ヲ ツクル コト ニ シマシタ。

ハジメ ニ、カラダ ヲ ツクリマシタ。ソレカラ ア

タマ ヲ ツクッタ ガ、**首** ガ **長**クナッテ、ナカナ

カ ウマク デキマセン。

先生 ニ オタズネ スル ト、

　「**首** ヲ、思イキッテ **太**ク シナサイ。」

ト、オシエテ **下**サイマシタ。

先生 ノ オッシャル トウリ ニ スル ト、ウマク

デキマシタ。

シッポ ヲ ツケテ、**先生** ニ **見**テ イタダク ト、

　「ヨク デキタ ガ、タリナイ モノ ガ アル ネ。」

首

下サ
テイ

君

ト オッシャイマシタ。

「ナン ダロウ、タリナイ ノ ハ。」ト、カンガエ
テ イル ト、光一君 ガ、

「君、ツノ ガ ツイテ イナイ ヨ。」
ト オシエテ クレマシタ。ツノ ヲ ツケテ、先生
ニ オ目 ニ カケル ト、先生 ハ、

「リッパナ 牛 ガ デキタ。モウト ナキ出シソウ
ダ ネ。」
ト、ワライナガラ オッシャイマシタ。

［十五］アメアガリ

雨 葉 光 洗 	雨 ガ アガリマシタ。木 ノ 葉 ガ、キラキラ 光ッテ イマス。 ネイサン ハ、コウモリガサ ヲ ホシテ イマス。ボク ガ、ゴムグツ ヲ 洗ッテ イル ノ ヲ 見テ、 「勇チャン、日 ノ アタラナイ 所 ニ オホシ ナサイ ヨ。」 ト、オシエテ クレマシタ。

オトウト ト、オトナリ ノ 正(ショウ)チャン ハ、水タマリ ニ、木 ノ 葉 ヲ 浮カベテ アソンデ イマス。ソバ デ、シロ ガ 見テ イマス。

オカアサン ガ、

　「順子(ジュンコ)サン、オセンタク　ニ　行ッテ　來

　　マス　カラ　ネ。」

ト　オッシャッテ、センタク物　ガ　タクサン　ハイッ

タ　カゴ　ヲ　持ッテ、オ出カケ　ニ　ナリマシタ。

物

持

[十六] カエル

蛙	蛙 ノ コドモ ガ、川バタ デ アソンデ イマシタ。 ソコ ヘ 牛 ガ 來テ、水 ヲ ノミマシタ。子蛙 ハ、ビックリ シテ、ニゲ出シマシタ。 子蛙 ハ、アワテテ ウチ ヘ カエリマシタ。ソウシ テ、オトウサン蛙 ト オカアサン蛙 ニ、 「大キイ、大キイ バケモノ ガ、水 ヲ ノミ ニ 來マシタ ヨ。」 ト イイマシタ。

キンジョ ニ イタ 大蛙 ガ、ソレ ヲ キイテ、

「ソノ 大キイ バケモノ ハ、ワタシ クライ モ

アッタ カ ネ。」

ト キキマシタ。

子蛙 ハ、

今

「ドウシテ ドウシテ。今 マデ 見タ コト モ ナ

イ ホド 大キイ ノ デス。」

ト コタエマシタ。

大キイ ノ ガ ジマン ノ 大蛙 ハ、ウント イキ

吸

ヲ 吸イコンデ、オナカ ヲ フクラマセテ、

「ソンナラ、コノ クライ モ アッタ カ ネ。」

ト イイマシタ。子蛙 ハ クビ ヲ フッテ、

「トテモ、ソンナ モノ デハ アリマセン。」

ト イイマシタ。

「デハ、コノ クライ カ ネ。」

ト イッテ、大蛙 ハ、一ソウ オナカ ヲ フクラマ

セマシタ。

子蛙 ハ、

「オジサン、オヨシ ナサイ。イクラ オナカ ヲ フ

　　クラマセテ　モ、カナイマセン　ヨ。」

ト　イイマシタ。

生

ノヨウ
ニ

シカシ、**大蛙**　ハ、コンド　コソ　ト、一**生**ケンメイ

ニ　ナッテ、イキ　ヲ　**吸**イコミマシタ。オナカ　ハ、

マルデ　フウセン**玉**　ノ　ヨウ　ニ　フクレマシタ。

スルト、「ポン。」ト　**大**キイ　**音**　ガ　シテ、**大蛙**　ノ

オナカ　ガ、ヤブレテ　シマイマシタ。

[十七] 一寸[イッスン]ボウシ

	オジイサン ト オバアサン ガ イマシタ。コドモ
	ガ ナイ ノデ、
二人	「ドウゾ、コドモ ヲ 一人 オサズケ 下サイ。」
	ト、神サマ ニ オネガイ シマシタ。
男	男ノ子 ガ 生マレマシタ。小指 グライ ノ 大キサ
小	デシタ。アンマリ 小サイ ノデ、一寸ボウシ ト イ
名	ウ 名 ヲ ツケマシタ。
三	一寸ボウシ ハ、二ツ ニ ナッテ モ、三ツ ニ
	ナッテ モ、少シモ 大キク ナリマセン。オジイサ
	ン ト オバアサン ハ、シンパイ シテ、
高	「一寸ボウシ ノ セイ ガ、高ク ナリマス ヨウ
	ニ。」
毎	ト、毎日、神サマ ニ オイノリ シマシタ。ケレド
	モ、ヤッパリ 生マレタ 時 ノ ママ デシタ。
	一寸ボウシ ハ、十三 ニ ナリマシタ。アル日、オ
	ジイサン ト オバアサン ニ、
	「ミヤコ ヘ 行ッテ、エライ 人 ニ ナリタイ ト
	思イマス。少シ ノ アイダ、オヒマ ヲ 下サイ。」

針
刀

ト　イイマシタ。

一寸ボウシ　ハ、オバアサン　カラ、針　ヲ　一本　モ
ライマシタ。ソレ　ヲ　刀　ニ　シテ、ムギワラ　ノ
サヤ　ニ　入レテ、コシ　ニ　サシマシタ。ソレカラ、
オワン　ヲ　モラッテ、舟　ニ　シマシタ。オハシ　ヲ
モラッテ、カイ　ニ　シマシタ。

一寸ボウシ　ハ、
オワン　ノ　舟　ニ
ノッテ、オハシ
ノ　カイ　デ　ジョ
ウズ　コイデ、大
キナ　川　ヲ　ノ
ボッテ　行キマシ
タ。

ミヤコ　ニ　ツク　ト、トノサマ　ノ　オヤシキ　ヘ　行
キマシタ。

「ゴメン　下サイ。」

ト　イウ　ト、トノサマ　ガ　出テ　オイデ　ニ　ナリマ
シタ。ガ、ダレ　モ　イマセン。

「ダレ　ダロウ。」

ト　イッテ、方方　オサガシ　ニ　ナリマシタ。

「ドコ　ニ　イル　ノ　ダロウ。」

ト　イッテ、庭　ヲ　見マワシナガラ、アシダ　ヲ　オ

ハキ　ニ　ナロウ　ト　シマシタ。スルト、ソノ　アシ

ダ　ノ　カゲ　ニ　イタ　一寸ボウシ　ハ、

「フンデ　ハ　イケマセン。」

ト　イッテ、アワテテ

トビ出シマシタ。ソ

ウシテ、

　「ケライ　ニ　シテ

　下サイ。」

ト　タノミマシタ。

トノサマ　ハ、

「コレ　ハ　オモシロイ　子　ダ。」

ト　イッテ、ケライ　ニ　ナサイマシタ。

三年　バカリ　スギマシタ。一寸ボウシ　ハ、アル

日、オヒメサマ　ノ　オトモ　ヲ　シテ、遠イ　所　ヘ

出カケマシタ。

トチウ マデ 來ル ト、ドコ カラ カ、オニ ガ 出テ 來テ、一寸ボウシ ヤ オヒメサマ ヲ タベヨウ ト シマシタ。

一寸ボウシ ハ、針 ノ 刀 ヲ ヌイテ、オニ ニ 向カイマシタ ガ、トウトウ ツカマッテ シマイマシタ。

オニ ハ、一寸ボウシ ヲ ツマンデ、一口 ニ ノンデ シマイマシタ。

一寸ボウシ ハ、オニ ノ オナカ ノ 中 ヲ、アチラ コチラ ト カケマワッテ、針 ノ 刀 デ、チクリ チクリ ト ツツキマシタ。オニ ハ、

「イタイ、イタイ。」

ト イイマシタ。

ソノウチ ニ、一寸ボウシ ハ、オナカ ノ 中 カラ ハイアガッテ、ハナ ノ オク ヲ トウッテ、目 ノ 中 ヘ 出マシタ。ソウシテ、針 ノ 刀 デ 目玉 ヲ ツツキマワッテ、ピョコリ ト 地メン ヘ トビオリマシタ。

地

オニ ハ、目 ノ 中 ガ イタクテ ナリマセン。目 ヲ オサエテ、一生ケンメイ ニ ニゲテ 行キマシタ。ウチデノコズチ モ、ワスレテ ニゲテ 行キマシタ。

オニ ノ ワスレタ ウチデノコズチ ヲ 見ル ト、オヒメサマ ハ、

「コレ ハ ヨイ モノ ガ アル。」

ト イッテ、大ソウ ヨロコビマシタ。コレ ヲ フル ト、ナン デモ ジブン ノ 思ウ トウリ ニ ナル カラ デス。ソコデ、

「一寸ボウシ ノ セイ ガ、高ク ナル ヨウ ニ。」
ト イッテ、オヒメサマ ハ、サッソク ウチデノコズ
チ ヲ フリマシタ。

一寸ボウシ ノ セイ ガ、少シ 高ク ナリマシタ。

「モット 高ク ナレ、モット 高ク ナレ。」
ト イイナガラ、ナンベン モ フリマシタ。

一寸ボウシ ハ、ダレ ニモ マケナイ 大男 ニ ナリ
マシタ。

[十八] サンパツ

アソンデイルト	オ庭 デ アソンデ イル ト、オカアサン ガ、 「勇チャン、サンパツ ヲ シテ アゲル カラ、ヨウ イ ヲ シ ナサイ。」 ト オッシャイマシタ。 ボク ハ、コシカケ ヲ 出シテ、サクラ ノ 木 ノ 下 ニ オキマシタ。
待	キレ ヲ カケテ 待ッテ イルト、オカアサン ガ イラッシャイマシタ。 オカアサン ハ、耳 ノ ソバ デ、バリカン ヲ カチ カチ サセテ カラ、 「サア、ハジメマス ヨ。」 ト オッシャイマシタ。ボク ハ、首 ヲ ノバシテ、 下 ヲ 向キマシタ。
頭	マ モ ナク、頭 ノ ウシロ デ、バリカン ガ 動キ ハジメマシタ。 白イ キレ ノ 上 ニ、カミ ノ ケ ノ カタマリ ガ、オチテ 來マス。 キウ ニ、カミ ヲ ヒッパリマシタ。ボク ハ、思ワ

ズ 首 ヲ ヒッコメマシタ。

オカアサン ハ、

「ジット シテ イラッシャイ。」

ト オッシャッテ、バリカン ヲ アト ノ 方 ニ モ
ドシマシタ。

バリカン ハ、スグ トレマシタ。オカアサン ハ、

「コンド ハ イイ
デショウ。」

ト オッシャッテ、
マタ カリハジメ
マシタ。

ソバ デ 見テ イ
タ 妹 ガ、

「ニイチャン、
イタイ。」

妹

ト、ボク ノ カオ ヲ ノゾキマシタ。

氣 バリカン ハ、氣持 ノ ヨイ 音 ヲ タテナガラ 動
イテ イマス。

シバラク シテ スミマシタ。ソコ ヘ オトウサン

ガ　オカエリ　ニ　ナッテ、

　「ヤア、キレイ　ニ　ナッタ。オカアサン　ノ　サンパ

　　ツヤサン　ハ、ナカナカ　ジョウズ　ダ　ナ。」

ト　オッシャイマシタ。

【十九】オサライ

讀讀	昨日、花子サン ト 一ーショ ニ、オサライ ヲ シマシタ。 算術(サンジュツ)ヲ 勉強(ベンキョウ) シテ カラ、讀本 ヲ 讀ミマシタ。 ハジメ ニ、私 ガ、「レンギョウ ガ サイタ」ノ トコロ ヲ 讀ミマシタ。花子サン ガ、ツギ ヲ 讀ミマシタ。 「オ日サマ ト コドモ」ノ トコロ ハ、私 ガ オ日サマ ニ、花子サン ガ コドモ ニ ナッテ 讀ミマシタ。 讀ム マエ ニ、花子サン ガ、
話	「ココ ハ、先生 ガ オッシャッタ ヨウ ニ、オ話 　　ヲ スル ツモリ デ 讀ミマショウ。」 ト イイマシタ。 花子サン ガ、「一寸ボウシ」ノ トコロ ヲ 讀ンデイル 時、オカアサン ガ、イチバ カラ オカエリ
ニナリマシタ	ニ ナリマシタ。 オカアサン ハ、エンガワ ニ コシ ヲ カケテ、

聞

花子サン ノ 讀ム ノ ヲ 聞イテ イラッシャイマシタ。

花子サン ガ 讀ンデ シマウ ト、オカアサン ハ、

「オモシロイ オ話 デス ネ。サア、オヤツ ヲ アゲマショウ。」

ト オッシャッテ、大キナ モモ ヲ 一ツ ズツ 下サイマシタ。

[二十] 子牛

モウ　モウ　子牛　ハ
カワイイ　ナ。
トコ　トコ　オヤ牛
オッテ　イク。

モウ　モウ　子牛　ハ
カワイイ　ナ。
スパ　スパ　オチチ　ヲ
ノンデ　イル。

モウ モウ 子牛 ハ

カワイイ ナ。

小サイ オメメ デ

雲 ミテル。

［二十一］スモウ

光 君	日曜(ヨウ)日 ニ、光一君タチ ト スモウ ヲ トッテ アソビマシタ。 ハジメ ニ、信吉(シンキチ)君 ト 孝三(コウゾウ)君 ガ トリマシタ。
雄 上	ツギ ニ、光一君 ト 國雄君 ガ トリマシタ。タチ上ル ト、スグ トリクミマシタ ガ、ナカナカ ショウブ ガ ツキマセン。
元 笑	國雄君 ガ、光一君 ノ 足 ヲ トリマシタ。足 ヲ トラレタ 光一君 ハ、元氣 デ タタカッテ イタ ガ、トウトウ、ドヒョウ ノ マン中 ニ シリモチ ヲ ツキマシタ。ミンナ ガ、ドット 笑イマシタ。 ソレカラ、ボク ガ トリマシタ。相(アイ)手 ハ 民二(タミジ)君 デス。 「シッカリ、シッカリ。」 ミンナ ガ、サカン ニ オウエンシマシタ。 「ヤッ。」 ト イッテ、二人 ハ タチ上リマシタ。 ボク ハ、民二君 ノ オビ ヲ ツカモウ ト シマシ

タ。民二君 ハ、ナカナカ ツカマセマセン。

スキ ヲ ネラッテ、ボク ハ、トウトウ 民二君 ノ

オビ ヲ ツカミマシタ。民二君 モ、ボク ノ オビ

ヲ ツカミマシタ。

「勇吉君、シッカリ。」

「民二君、シッカリ。」

オウエン ノ コエ ガ、ニギヤカ ニ 聞エマシタ。

民二君 ガ、足カケ デ セメテ 來マシタ。ボク ハ、 コ

シ ニ 力 ヲ イレテ、グングン オシテ 行キマシタ。

キウ ニ、民二君 ガ 向キ ヲ カエマシタ。二人

ハ、ドウ ト タオレマシタ。

「ワアッ。」

ドット、大ゴエ ガ 上リマシタ。

[二十二] ジュンササン

村

村ハズレ ノ 川 デ、ツリ ヲ シテ イル ト、

「ドウ ダ、ツレル カ ネ。」

ト イウ コエ ガ シマシタ。

見ル ト、ジュンササン デス。ボク ハ、イソイデ

オジギ ヲ シマシタ。

「オハヨウ ゴザイマス。」

信吉(シンキチ)君 ト 孝三(コウゾウ)君 ガ、アワテ

テ アイサツ ヲ シマシタ。

ジュンササン ハ、笑イナガラ、

「モウ、ゴゴ ダ ヨ。」

ト オッシャイマシタ。

信吉君 ト 孝三君 ハ、スグ

今

「今日 ハ。」

ト イイナオシマシタ。

ソコ ヘ、クチョウサン ト、孝三君 ノ オトウサン

ガ イラッシャイマシタ。ジュンササン ニ アイサ

ツ ヲ ナサル ト、ジュンササン ハ、

「チカゴロ、コノ 村 ノ 人タチ ハ、ミンナ 國語
ヲ ツカウ ヨウ ニ ナリマシタ ネ。」
ト、ニコニコ シナガラ オッシャイマシタ。

［二十三］一錢チョキン

錢 新聞	「オジイサン、カタ ヲ タタキマショウ カ。」 「アリガトウ。少シ タタイテ モラオウ カ ネ。」 エンガワ デ、新聞 ヲ 讀ンデ イラッシャッタ オジイサン ハ、メガネ ヲ オハズシ ニ ナリマシタ。 「一 二 三 四──。」 私 ハ、小ゴエ デ カゾエナガラ タタキハジメマシタ。 「京（キョウ）子、今日 ハ ナカナカ 力 ガ ハイル ネ。」 オジイサン ハ、氣持ヨサソウ ニ オッシャイマシタ。 オダイドコロ カラ、 「京子サン、シッカリ タタイテ オ上ゲ ナサイ ヨ。」 ト イウ オカアサン ノ コエ ガ シマシタ。 トン トン、トン トン 私 ハ、チョウシ ヲ ツケテ タタキマシタ。シバラ ク スル ト、オジイサン ハ、

「ヤア、アリガトウ。タイヘン　カタ　ガ　カルク
　ナッタ。」
ト、オッシャイマシタ。
私 ハ、
「モット　タタキマショウ。」
ト　イッテ　ツズケマシタ。
イツ　ノ　マ　ニカ、オジイサン　ハ、コクリ　コクリ
ト、イネムリ　ヲ　オハジメ　ニ　ナリマシタ。

ダイブン　タタイタ 時、オカアサン　ガ　イラッシャ
イマシタ。

「京子サン、スミマシタラ、ゴホウビ ニ オカシ ヲ 上ゲマショウ ネ。」

「オカアサン、今日 ハ オカシ ノ カワリ ニ、オ カネ ヲ 一錢 下サイ。」

「ドウ スル ノ、京子サン。」

「チョキン ヲ スル ノ デス ヨ。」

オジイサン ガ、目 ヲ オサマシ ニ ナリマシタ。

ソウシテ、

「ホウ、ソレ ハ カンシン ダ。」

ト オッシャイマシタ。

私 ハ タタク ノ ヲ ヤメテ、

「昨日、先生 ガ、一錢 ノ オカネ デモ、ムダ ニ

シテ ハ ナラナイ コト ヲ オ話 シテ 下サイマ

シタ。私タチ ハ、ミンナ デ ソウダン シテ、ハ

タライテ イタダイタ オカネ デ、一錢チョキン

ヲ ハジメル コト ニ シタ ノ デス。」

ト、ワケ ヲ 話シマシタ。

「ナカナカ ヨイ コト ヲ ハジメタ ネ。」

ト オジイサン モ、オカアサン モ カンシン ナサ

イマシタ。

夕方 夕方 ニ ナッテ、オトウサン ガ オカエリ ニ ナ

リマシタ。オカアサン カラ、一錢チョキン ノ 話

ヲ オ聞キ ニ ナル ト、オトウサン モ、「ソレ

ハ、ヨイ コト ヲ ハジメタ。」ト オッシャイマシ

タ。

［二十四］カゼ

枝

「オトウサン、今日 ハ ダイブン 風 ガ アリマス
ネ。」

「ソウ ダ。アノ 松 ヲ ゴラン。枝 ガ アンナ
ニ ユレテ イル。」

「風 ハ、少シ モ 目 ニ 見エナイ ノニ、アンナ
大キナ 枝 ヲ 動カス ノ ハ、フシギ デス ネ。」

「モット 大キナ モノ デモ、動カス ヨ。」

「ドンナ モノ デス カ。」

海
走

「海 ノ 上 ヲ 走ッテ イル モノ ダ ヨ。」

「ア、ホカケ舟 デス ネ。」

「ソウ ダ。ホカ ニ ナイ カ ネ。」

「マダ アリマス カ。」

「アル　ネ。」

「ア、汽船(キセン)　デス　カ。」

「イヤ、汽船　ハ、風　ノ　力　デ　走ル　ノ　デハ　ナイ。」

「ソレ　デハ　ナン　デショウ。」

「目　ノ　前　ニ、タクサン　見エテ　イル　デハ　ナイ　カ。」

「ナン　ダロウ。」

波

「アノ　白イ　波　ダ　ヨ。」

「オトウサン、波　ガ　タツ　ノ　モ、風　ノ　力　デス　カ。」

「ソウ　ダ。ソレカラ　アノ　雲　モ、風　ノ　力　デ　動イテ　イル　ノ　ダ　ヨ。」

「ソロソロ、向コウ　ヘ　行ッテ　ミヨウ。」

[二十五] 浦島太郎【ウラシマタロウ】

通 集 何 ノデス	ムカシ、**浦島太郎** ト イウ **人** ガ イマシタ。 アル日、ハマベ ヲ **通**ッテ イル ト、**子供**(ドモ) ガ 大ゼイ **集**ッテ、**何** カ サワイデ イマス。見ル ト、カメ ヲ 一ピキ ツカマエテ、コロガシタリ、 タタイタリ シテ イジメテ イル ノ デス。**浦島** ハ、 　「ソンナ カワイソウナ コト ヲ スル モノ デハ 　　ナイ ヨ。」 ト イイマス ト、**子供**ラ ハ、 　「**何**、カマウ モノ カ、ボクタチ ガ ツカマエタ 　　ノ ダ モノ。」 

賣	ト　イッテ、ナカナカ　聞キマセン。浦島　ハ、 「ソレナラ、オジサン　ニ、ソノ　カメ　ヲ　賣ッテ 　オクレ。」
買取	ト　イッテ、カメ　ヲ　買取リマシタ。 浦島　ハ、カメ　ノ　セナカ　ヲ　ナデナガラ、 「モウ　二度(ド)　ト　ツカマル　ナ　ヨ。」 ト　イッテ、海　ヘ　ハナシテ　ヤリマシタ。ソレカラ 二三日　ノチ　ノ　コト　デシタ。浦島　ガ、舟　ニ ノッテ、イツモ　ノ　通リ　ツリ　ヲ　シテ　イル　ト、 「浦島サン、浦島サン。」
呼	ト、呼ブ　モノ　ガ　アリマス。ダレ　ダロウ　ト 思ッテ、フリカエッテ　見ル　ト、大キナ　カメ　ガ、 舟　ノ　ソバ　ヘ　オヨイデ　來テ、ピョコリ　ト　オジ ギ　ヲ　シマシタ。ソウシテ、
間 助	「コノ間　ハ、アリガトウ　ゴザイマシタ。私　ハ、 　アノ　時、助ケテ　イタダイタ　カメ　デス。今日 　ハ、オレイ　ニ、リウグウ　ヘ　オツレ　シマショ 　ウ。サア、私　ノ　セナカ　ヘ　オノリ　下サイ。」 ト　イイマシタ。浦島　ハ、

　「ソレ　ハ　アリガトウ。」

ト　イッテ、カメ　ノ　セナカ　ニ　ノリマシタ。カメ　ハ、ダンダン　海　ノ　中　ヘ　ハイッテ　行キマシタ。

シバラク　行ク　ト、向コウ　ニ、赤　ヤ、靑　ヤ、黄　デ　ヌッタ　リッパナ　門　ガ　見エマス。カメ　ガ、

　「浦島サン、アレ　ガ　リウグウ　ノ　ゴ門　デス。」

ト　イイマシタ。

青
黄
門

間モナク、ゴテン　ニ　ツキマシタ。タイ　ヤ、ヒラメ　ナド　ガ、ムカエ　ニ　出テ　來テ、オク　ノ、リッパナ　ゴテン　ヘ　通シマシタ。美シイ　玉　ヤ　貝　デ　カザッタ、ソノ　ゴテン　ハ、目　モ　マブシイ　ホド　キレイ　デス。ソコ　ヘ、オトヒ

間

美
貝

メサマ ガ 出テ イラッシャイマシタ。ソウシテ、

「コノ間 ハ、カメ ヲ 助ケテ 下サッテ、アリガト

ウ ゴザイマス。ドウゾ、ユックリ アソンデ イ

ッテ 下サイ。」

ト イッテ、イロイロ ゴチソウ ヲ シテ 下サイマ

シタ。タイ ヤ、ヒラメ ヤ、タコ ナド ガ、大ゼイ

デ、オモシロイ オドリ ヲ オドリマシタ。

浦島 ハ、アマリ オモシロイ ノデ、家 ヘ カエル

ノ モ 忘レテ、毎日 毎日、タノシク クラシテ イ

マシタ。シカシ、ソノウチ ニ、オトウサン ヤ オカ

アサン ノ コト ヲ カンガエル ト、家 ヘ カエリ

忘

タク ナリマシタ。ソコデ、アル日、オトヒメサマ ニ、

「ドウモ 長ク オセワ ニ ナリマシタ。アマリ 長

ク ナリマス カラ、コレ デ オイトマ ヲ イタ

シマス。」

ト イイマシタ。

止 オトヒメサマ ハ、シキリ ニ 止メマシタ ガ、浦島

ガ ドウシテ モ 聞キマセン ノデ、

「ソレ デハ、コノ 玉手箱 ヲ 上ゲマス。シカシ、

ドンナ コト ガ アッテ モ、フタ ヲ アケテ

ハ ナリマセン。」

ト イッテ、キレイナ 箱 ヲ オワタシ ニ ナリマシ

タ。

浦島 ハ、玉手箱 ヲ カカエ、カメ ニ ノッテ 海

ノ 上 ヘ 出マシタ。

モト ノ ハマベ ヘ カエッテ 來マス ト、オドロ

キマシタ。村 ノ ヨウス ハ、スッカリ カワッテ

住 イマス。住ンデ イタ 家 モ ナク、オトウサン

死 モ、オカアサン モ 死ンデ シマッテ、知ッタ 人

知 ハ、一人 モ オリマセン。コレ ハ ドウ シタ コ

歩

立

度

ト カ ト、**浦島** ハ、**箱** ヲ カカエナガラ、ユメ ノ ヨウ ニ、アチラ コチラ ト **歩**キマワリマシ タ。

コンナ **時** ニ、**玉手箱** ヲ アケタラ、ドウ カ ナ ル カ モ **知**レナイ ト 思ッテ、オトヒメサマ ノ イッタ コト モ **忘**レテ、ソノ フタ ヲ アケマシ タ。スルト、**中** カラ、**白**イ ケムリ ガ スウト **立** チノボリマシタ。ソレ ガ カオ ニ カカッタ カ ト **思**ウ ト、**浦島** ハ、カミ モ、ヒゲ モ、**一度** ニ マッ**白** ニ ナッテ、シワダラケ ノ オジイサン ニ ナッテ シマイマシタ。

東 金 色 向 行 少 學 校 家 早 先
本 箱 虫 動 足 勇 吉 所 年 國 語
思 芽 根 力 神 地 太 舟 西 耳 庭
指 玉 羽 首 君 雨 葉 光 洗 浮 物
持 蛙 今 吸 男 名 高 每 針 刀 遠
待 頭 妹 氣 讀 話 聞 雄 元 笑 村
錢 新 夕 枝 海 走 波 通 集 何 賣
買 取 呼 間 助 青 黄 門 美 貝 忘
止 住 死 知 步 立 度

オワリ

昭和十五年五月二十八日飜刻印刷
昭和十五年五月三十一日飜刻發行

初等國語三 ㊦

定價金十六錢

著作權所有

著作兼
發行者　朝鮮總督府

京城府大島町三十八番地
飜刻發行者　朝鮮書籍印刷株式會社
代表者　井上主計

京城府大島町三十八番地
飜刻印刷者

發行所　朝鮮書籍印刷株式會社

朝鮮總督府　編纂

初等國語讀本　卷四

第2學年　2學期

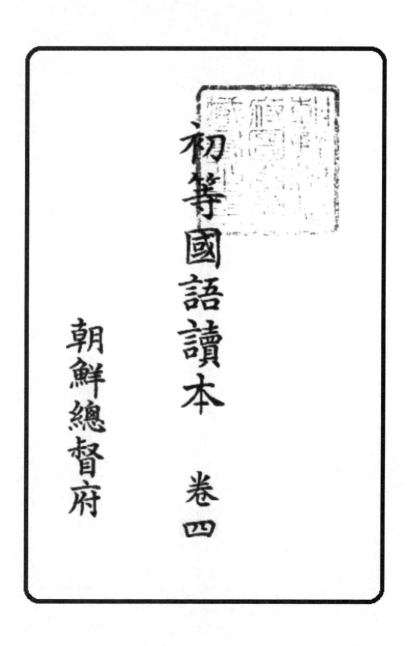

モ ク ロ ク

お　え　う　い　あ
こ　け　く　き　か
そ　せ　す　し　さ
と　て　つ　ち　た
の　ね　ぬ　に　な
ほ　へ　ふ　ひ　は
も　め　む　み　ま
よ　え　ゆ　い　や
ろ　れ　る　り　ら
を　（ゑ）う　（ゐ）わ
　　　　　　　　　ん

が　ぎ　ぐ　げ　ご
ざ　じ　ず　ぜ　ぞ
だ　（ぢ）（づ）で　ど
ば　び　ぶ　べ　ぼ
ぱ　ぴ　ぷ　ぺ　ぽ

[一] こすもす

こすも
す
さきま
した
にゆら

赤い　こすもす
　　　さきました。
　風　に　ゆらゆら
　　　さきました。

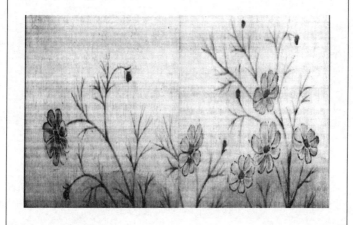

白い　こすもす
　　　さきました。
はち　が　ゆらゆら
　　　ゆすります。

はちが

り

［二］ ことり

と
なぜ
みをべ

赤い　とり　ことり、

なぜ　なぜ　赤い。

赤い　み　を　たべた。

白い　とり　ことり、

なぜ　なぜ　白い。

白い　み　を　たべた。

青い　とり　ことり、

なぜ　なぜ　青い。

青い　み　を　たべた。

[三] がん の ひこうき

がん の ひこうき
高い 空。
なか よく ならんで
どこ へ 行く。
　たんぼ に おりて
　あす わたれ。

がん の ひこうき
月 の ばん。
なか よく ならんで
どこ へ 行く。
　海 は ひろい よ
　あす わたれ。

んのひ
う
かよく
で
ど へ
ぼおて
あわれ

ば

はろ

[四] お月さま と こども

だそびむつえる せ	日 が くれました。 こども が 二人、まだ のはら で あそんで います。あそび に むちう に なって、うち へ かえる の を 忘れた の でしょう。 だんだん くらく なって 來ました。こどもは、あわてて うち へ かえろう と しました。しかし、くらくて みち が わかりません。二人 は、泣きそう に なりました。その 時、お月さま が、山 の 上 に かお を お出し に なりました。お月さま は 二人 を 見て、 　「こんばん は。おそく まで、何 を して いるの。」

やずね

と、やさしく おたずね に なりました。

　「みち が わからなく なって、うち へ かえれま

　　せん。」

と いって、二人 は、とうとう 泣出しました。お月

さま は、こども が かわいそう に なりました。

そこで、

げ

　「さあ、みち を おしえて 上げましょう。」

と いって、みち を あかるく てらしました。

二人 は、元氣 よく 歩き出しました。うち が 見え

て 來ました。門 の 前 に、人 が 立って います。お

かあさん です。二人 は、空 を 見上げて、

ござ

　「お月さま、ありがとう ございました。」

と、ていねい に おれい を いいました。

[五] もみじ

じ ほ ぽぷ ぶ ふぎ	「おとうさん、一ばん の うち に、さくら の 葉 が、あんな に きれい に なりました よ。」 「ほう、まるで 火 の よう だ ね。」 「向こう の きいろい の は、ぽぷら です か。」 「いや、いちょう だ。ずいぶん きれい だ ね。」 「どうして、あんな きれいな 色 に なる の です か。」 「さむく なって 來た ので、葉 の 中 の みどり 色 が かわった の だ。」 「おとうさん、いちょう や ぽぷら は 黄色 に なる の に、さくら が 赤く なる の は、ふし ぎ です ね。」 「あ、よく 氣 が ついた。まだまだ ふしぎな こ と が たくさん ある。それ を しらべて 行く の が、これ から の べんきょう だ よ。」

[六] おち葉

上

ねいさん が、小川 で、だいこん を 洗って いま
す。

まっ白 に なった だいこん が、だんだん 高く
つまれて 行きます。

私 は、川上 から ぽぷら の 葉 を ながしまし
た。黄色な 葉 が、波 に ゆられて、ねいさん の
手もと ちかく まで 行きました が、きう に、わ
き へ それて しまいました。

下

私 は、もう 一まい な
がしました。今度 は、
洗って いる だいこん
に つきました。ねいさ
ん は、それ を つまみ
上げて、川下 へ なが
しました。

中

私 は、また 二三まい ひろって 來ました。今度
は、一度に ながしました。その中 の 一まい は、
とうとう ねいさんの 手 に つきました。

け

ねいさん は、それ を はらいのけながら こちら
へ 向きました。私 の いる の を 見る と、にっ
こり 笑って、
　「いたずら を して は いけません。」
と いいました。
ねいさん は、また せっせと だいこん を 洗いは

め

じめました。

[七] でんわ

「もしもし、大村さん の お宅(たく) です か。」

「はい そう です。」

「ぼく は、國雄君 の ともだち の 勇吉 です が、國雄君 は いらっしゃいます か。」

「はい おります。ちょっと お待ち 下さい。」

「もしもし」

「ああ、勇吉君 です か。」

「國雄君、あす は 明治節(めいじせつ) です から、式 が すんだら、朝鮮神宮 に おまいり しません か。」

「ちょっと 待って 下さい。おかあさん に たずねて みます から。」

「お待たせ しました。一しょ に 行きましょう。」

「では、一しょ に 行きましょう。さようなら。」

「さようなら。」

式
朝鮮神宮

[八] 山ビコ

拾	ウラ山 デ、ドングリ ヲ 拾ッテ イル ト、シロ ガ 見エナクナリマシタ。
	ボク ハ、「シロ シロ。」ト 呼ビマシタ。スルト、
者	向コウ ノ 方 デ、「シロ シロ。」ト 呼ブ 者 ガ
友	イマス。友ダチ デモ イル ノ カ ト 思ッテ、「オ ウイ。」ト 呼ブ ト、「オウイ。」ト コタエ、「ダ レ ダ。」ト イウ ト、「ダレ ダ。」ト 口マネ ヲ シマス。フシギ ニ 思ッテ イル ト シロ ガ 來タ ノデ、ソノ ママ カエリマシタ。
	ユウゴハン ノ アト デ、今日 ノ コト ヲ オ話 シマス ト、オトウサン ガ、
	「勇吉、ソレ ハ 山ビコ ト イウ モノ ダ ヨ。」 ト オッシャッテ、山ビコ ニ ツイテ オシエテ 下 サイマシタ。
	ソバ デ 聞イテ イラッシャッタ オカアサン ガ、
	「勇チャン、ソレ ニハ、コンナ オモシロイ オ話 　ガ アリマス。
女	ムカシ、オシャベリ ノ スキナ 女ノ 子 ガ イマ

シタ。神サマ ハ、ドウカシテ、女ノ子 ノ オ
シャベリ ヲ ナオソウ ト オ思イ ニ ナリ
マシタ。

イロイロ オカンガエ ニ ナッテ、ソノ 子 ニ、
コレカラ ハ、ケッシテ オシャベリ ヲ シテ ハ
ナラナイ ト、オイイツケ ニ ナリマシタ。

オシャベリ ヲ 止メラレテ、女ノ子 ハ、ダンダ
ン ヤセテ イキマシタ。トウトウ カラダ ハ 消
エテ、聲 ダケ ガ ノコリマシタ。

ソノ 聲 ガ 山ビコ ニ ナッテ、山オク ニ 住ン
デ イル ノ ダ ト イウ コトデス。」

ト、オ話 ヲ シテ 下サイマシタ。

消
聲

[九] わまわし

くるくる
　さくら　の
　　葉　が　まわる

　　風　に　おわれて
　　葉　が　まわる。

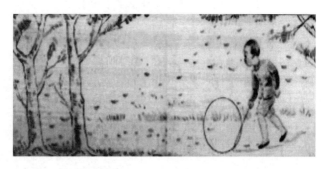

　くるくる
　　わたし　の
　　　わ　が　まわる。

　　風　を　おいかけ
　　　わ　が　まわる。

[十] 山がら の 思出

私 の うち に、山がら が 一羽 かって ありました。大そう よくなれて、私 の 手 から え を たべる ほど に なって いました。

それ が、かわいそう に、ある晩、ねずみ に 足 の 指 を くいきられました。

どんな にか ないた の でしょう が、うち の 者 は、朝 まで 知らず に いました。

きず を 見て やろう と 思って、私 が かご の 戸 を あけます と、山がら は とび出して、竹がき の 上 に 止って、それから、うら の 山 へ とんで行って しまいました。

これ は、私 が 七つ の 年 の ことでした。今 でも、山がら の 聲 を 聞く と、まだ あれ が 生きて いる だろう か、足 の きず は どう したろう か と 思わない こと は ありません。

[十一] 大江山

江鬼 々都	大江山 ニ、シュテンドウジ ト イウ 鬼ガ イテ、時々 都 ニ 出テ 來テ ハ、物 ヲ ヌスンダリ、女ヤ 子ドモ ヲ サラッタリ シマシタ。 都 ハ 大サワギ デス。
天子様 、 強	天子様 ハ、大ソウ ゴシンパイ ニ ナッテ、賴光(ライコウ) ト イウ エライ 大ショウ ニ、シュテンドウジ ヲ タイジル ヨウ ニ オイヽツケ ニ ナリマシタ。ソコデ、賴光 ハ、五人 ノ 強イ ケライ ヲツレ、山伏(ヤマブシ) ノ スガタ ヲ シテ 出カケマシタ。
木生畫 道深 谷渡進	大江山 ニ 來テ 見ル ト、鬼 ノ 住ム 所 ダケアッテ、大木 ガ コンモリ ト 生イシゲリ、晝 デモ ウスグラクテ、ホントウ ニ モノスゴイ 山 デシタ。シカシ、ミンナ 強イ 人タチ デス カラ、ビク トモ セズ、ケワシイ 山道 ヲ 上ッタリ、深イ谷 ヲ 渡ッタリ シテ、ダンダン オク ヘ 進ンデ行キマシタ。 シバラク 行ク ト、大キナ 岩(イワ) ガ アッテ、

ソノ ソバ ニ、一人 ノ オジイサン ガ 立ッテ イ
マシタ。ソウシテ、

「アナタ ハ、賴光樣 デハ アリマセン カ。私
ハ、今日 アナタ ガ コ丶 ニ オイデ ニ ナル
ト 聞イテ、オ待チ シテ イタ ノ デス。コノ
酒 ハ、鬼 ガ ノメバ 弱ク ナリ、人間 ガ ノメ
バ 強ク ナル、フシギナ 酒 デス。コレ ヲ
持ッテ 行ッテ、鬼 ヲ タイジテ 下サイ。」

ト イッテ、一ツ ノ ツボ ヲ 渡シマシタ。賴光 ハ
喜ンデ、ソノ ツボ ヲ 受取リマシタ。

モット 進ンデ 行キマ
ス ト、今度 ハ、谷川
デ、一人 ノ 若イ 女
ガ、シクシク ト 泣キ
ナガラ、センタク ヲ
シテ イマシタ。賴光
ガ フシギ ニ 思ッテ、

「ナゼ 泣イテ イマス カ。」
ト 尋ネマス ト、女 ハ、

酒弱間

喜受

若

尋

殺

「私 ハ 都 ノ 者 デス が、鬼 ニ サラワレテ、コ丶 ニ 來マシタ。イツ 殺サレル カ ワカリマセン。ソレ ガ カナシクテ、泣イテ イル ノ デス。」

ト イ丶マシタ。賴光 ハ、

「私 ハ、天子樣 ノ オウセ ヲ 受ケテ、ソノ 鬼 ヲ タイジ ニ 來マシタ。鬼 ノ イル 所 ハ ドコ デス カ。アンナイ シテ 下サイ。」

ト イ丶マス ト、女 ハ、大ソウ 喜ンデ、

「マア、何 ト イウ アリガタイ コト デショウ。ドウゾ、鬼 ヲ ウチ取ッテ、私タチ ヲ オ助ケ 下サイ。」

先

ト イッテ、先 ニ 立ッテ 道アンナイ ヲ シマシタ。

鐵
番兵

ヤガテ、向コウ ニ 大キナ 鐵 ノ 門 ガ 見エマシタ。ソノ ソバ ニ、鬼 ノ 番兵 ガ、鐵 ノ ボウ ヲ 持ッテ 立ッテ イマシタ。賴光 ハ、ソコ ヘ 行ッテ、

困

「私タチ ハ 山伏 デス ガ、道 ニ マヨッテ 困ッ

テ イマス。ドウゾ、一晩 オトメ 下サイ。」

ト イヽマシタ。

鬼 ノ 番兵 ハ、一度 オク ヘ ハイリマシタ ガ、

マタ 出テ 來テ、賴光タチ ヲ、シュテンドウジ ノ

イル リッパナ ゴテン ヘ ツレテ 行キマシタ。

シュテンドウジ ハ、ケライ ノ 鬼ドモ ヲ 大ゼイ

集メテ、酒モリ ヲ シテ イマシタ。賴光タチ ガ

ハイッテ 來ルノ ヲ 見ル ト、大キナ 目 ヲ ム

イテ、ギョロリ ト ニラミマシタ ガ、

「山伏タチ、トメテ 上ゲヨウ。ユックリ 休ム ガ

ヨイ。」

ト イヽマシタ。賴光 ハ、

「アリガトウ ゴザイマス。私ドモ ハ、毎日、野ヤ

山 ニ バカリ ネテ イマシタ ガ、今夜 ハ、オ

カゲ デ ユックリ 休マレマス。チョウド オ酒

モリ ノ サイチウノ ヨウ デス ガ、私 モ ヨイ

酒 ヲ 持ッテ イマス。一ツ メシアガッテ 下サ

イ。」

ト イッテ、オジイサン カラ モラッタ 酒 ヲ 取出

シマシタ。

シュテンドウジ ハ、一口 ノンデ ミル ト、コレ マデ ノンダ コト モ ナイ ヨウナ、オイシイ 酒 デス カラ、

「コレ ハ ウマイ。コレ ハ ヨイ 酒ダ。」

ト イッテ、ガブガブ ノミマシタ。外 ノ 鬼ドモ モ、次々 ト タクサン ノミマシタ。ソノウチ ニ、

外
次

フシギナ 酒 ノ キ丶メ ガ アラワレテ、シュテン ドウジ ハ、ダンダン 元氣 ガ ナク ナリ、シマイ ニハ グッタリ ト ネテ シマイマシタ。外ノ 鬼ド モ モ、アスコ ヘ 二ヒキ、コ丶 ヘ 三ビキ ト、ゴ ロゴロ タオレテ シマイマシタ。コノ ヨウス ヲ 見タ 賴光タチ ハ、持ッテ 來タ ヨロイ ヤ カブト

身

拔
切落

ヲ　取出シテ、身ジタク　ヲ　シマシタ。

賴光　ハ、シュテンドウジ　ヲ　呼ビオコシ、刀　ヲ
拔イテ、「エイ。」ト　一聲(セイ)、ソノ　首　ヲ　切落
シマシタ。トコロ　ガ、首　ハ　トビ上ッテ、口　カラ
火　ヲ　ハキナガラ、賴光　ノ　頭　ニ　カミツコウ　ト
シマシタ。ケレドモ、賴光　ノ　イキオイ　ニ　オソレ
テ、ソノ　マ、　落チテ　シマイマシタ。

コノ　サワギ　ニ、外　ノ　鬼ドモ　ガ　目　ヲ　サマシ
テ、向カッテ　來マシタ　ガ、賴光タチ　六人　ニ、ミ
ンナ　殺サレテ　シマイマシタ。

ソコデ、賴光　ハ、シュテンドウジ　ノ　大キナ　首　ヲ
ケライ　ニ　カツガセ、サラワレテ　來タ　女　ヤ　子ドモ
タチ　ヲ　ツレテ、メデタク　都　ヘ　カエリマシタ。

［十二］日 と 風

原	たび人 が、野原 を 歩いて いました。風 が み つけて、日 に いゝました。
ぬ	「あの たび人 の がいとう を、どっち が ぬが せる か、きょうそう しよう。」 「それ は おもしろい。」 日 は、笑いながら いゝました。
吹	らんぼう者 の 風 は、力 一ぱい に 吹きつけま した。
急 寒	たび人 は、急に 寒い 風 が 吹出した ので、が いとう の えり を たてました。風 は、「これでも か。」 と、前 より も はげしく 吹きつけました。
旅	しかし、旅人 は、風 が 吹けば 吹く ほど、しっ かり と、がいとう を おさえました。 「今度 は、私 が して みよう。」
顔 送	と いって、日 は、雲 の 間 から 顔 を 出し て、あたゝかい 光 を 送りました。旅人 は、 「おや、急に よい お天氣 に なった。」 と いって、がいとう の ぼたん を はずしまし

た。

その 中 に、だんだん あつく なって 來た の
で、旅人 は、とうとう がいとう を ぬいで しま
いました。

【十三】おばさん の 勉強

勉強	學校 から かえる と、おばさん が、大きな 聲 で、本 を 讀んで いらっしゃいました。 「おばさん、たゞ今。」 と いう と、 「おかえりなさい。今日 は 早かった ね。」 と おっしゃいました。
夏 ぐ	おばさん が うち へ おいで に なった の は、夏休 の 前 でした。國語 が 少しも 出來ない の で、「困る、困る。」 と、口ぐせ の よう に いっ て いらっしゃいました。
月	九月 の はじめ でした。おかあさんたち が 學校 に 集って、國語 の 勉強 を なさる こと に な りました。おかあさん に すゝめられて、おばさん
通 ぺ 内	も、夜學 に 通う こと に なりました。 それから おばさん は、一ぺん も 休まないで、ねっしん に 通って いらっしゃいます。ゆうべ、内 地 へ 行って いらっしゃる おとうさん から、で んぽう が 來ました。でんぽう には、「ハツカノア

サカエル　チチ」　と　ありました。

おばさん　が　ごらん　に　なって、

　「京子さん、おとうさん　は、二十日　の　朝　おかえ

　　り　に　なります　ね。」

と　おっしゃいました。

おかあさん　が　お聞き　に　なって、

　「よく　わかりました　ね。」

と　かんしん　なさいました。

[十四] ちうしゃ

唱歌 間 してい たゞき ましょ う 並	唱歌 の 時間 が おわる と、先生 が、 　「今 から、講堂(こうどう) へ 行って、ちふす の 　　よぼうちうしゃ を して いたゞきましょう。」 と おっしゃった。 ろうか に 並んで いる と、三年 の 人たち が かえって 來た。新吉君 が、小さな 聲 で、 　「ちっとも いたくなかった よ。」 と いった。
列 着 机	講堂 へ 行って、一列 に 並んだ。白い 着物 を きた おいしゃさん が、机 の よこ に、こし を かけて いらっしゃった。小山先生 が、あるこーる で うで を ふいて 下さった。ひやっと して、 いゝ 氣持であった。 間 も なく、國雄君 から はじまった。針 を さ した か と 思う と、すぐ すんだ。先生 が、手 早く ばんそうこう を おはり に なった。
孝太郎	次 は、孝太郎君 の 番 だ。こわそう に、首 を ちゞめる と、おいしゃさん が、

「そんな　よわ虫　では、兵隊さん　に　なれない
　　よ。」
と　おっしゃった。
孝太郎君　が　すんだ。光一君　も　信吉君　も　すん
だ。三郎君　が、
　「僕　の　にいさん　は、ねつ　が　出た　よ。」
と　いう　と、みんな　が、がやがや　いゝ出した。先
生　が、
　「おしゃべり　を　する　と、口　にも　ちうしゃ　を
　　して　いたゞく　よ。」
と、笑いながら　おっしゃった。

隊

信

僕

| ぱ 民治 引 | 僕 は、少し しんぱい に なって 來た。うしろ で 民治君 が、
　「勇吉君、今度 は 君 の 番 だ よ。」
と いった。
　「もっと こっち へ いらっしゃい。」
おいしゃさん は、やさしく ぼく の 手 を 引い た。
　「そんな に 力 を 入れない で。」
こう おっしゃった か と 思う と、ちくり と 針 を さした。僕 は、思わず よこ を 向いた。
　「いたく なかった でしょう。」
おいしゃさん が、にこにこ しながら おっしゃっ た。
そっと 見る と、ちうしゃ の あと が、少し ふ くれて いた。 |

[十五] ニイサン ノ 入營

入營 青 服	今日 ハ、ニイサン ガ 入營 スル 日 デス。 ニイサン ハ、青年學校 ノ 服 ニ 着カエマシタ。 ソバ デ、オカアサン ガ、何 カ 忘レタ 物 ハ ナ イ カ ト、イロイロ セワ ヲ シテ イラッシャイ マス。ソコ ヘ、オトウサン ガ ハイッテ 來テ、 「シタク ハ 出來タ カ。」 ト オッシャル ト、 「ハイ、スッカリ 出來マシタ。」
答 近所	ト、ニイサン ガ 答エマシタ。 オザシキ ノ 方 デハ、シンルイ ヤ 近所 ノ 人 ガ 集ッテ、ニギヤカ ニ 話 ヲ シテ イマス。 八時 ガ ナッタ ノデ、ミンナ ソロッテ 出カケマ
停車場	シタ。氏神樣(ウジカミサマ) ヘ オマイリ ヲ シ テ、ソレカラ 停車場 ヘ 行キマシタ。
村 軍人	停車場 デハ、村長サン、校長先生、ザイゴウ軍人、 青年團(ダン)、青年學校 ノ 人タチ ガ、大ゼイ 集 ッテ イマシタ。ニイサン ヲ 見ル ト、

「オメデトウ。」

「オメデトウ。」

ト　イ、マシタ。

ニイサン　ハ　ニコニコ　シテ、ミンナ　ニ　オジギ
ヲ　シマシタ。

汽　　間　モ　ナク、**汽車**　ガ　來マシタ。

ニイサン　ハ、**元氣**ナ　**聲**　デ、

「デハ、**行**ッテ　マイリマス。」

乘　　ト　アイサツ　ヲ　シテ、**汽車**　ニ　**乘**リマシタ。

私　ガ、**大**キナ　**聲**　デ、

「ニイサン、ゴキゲン　ヨウ。」

ト　イウ　ト、オトウサン　モ　ツズイテ、

「シッカリ　ヤッテ　來イ　ヨ。」

ト　オッシャイマシタ。

汽車　ハ、シズカ　ニ　動キ出シマシタ。

「バンザイ。バンザイ。」

ミンナ　ハ、ムチウ　ニ　ナッテ　サケビマシタ。

ニイサン　ハ、汽車　ノ　マド　カラ、カオ　ヲ　出シ
テ、何ベン　モ　ボウシ　ヲ　フリマシタ。

[十六] すゞめ

羽

降

ぴ

合

木 の 枝 に
すゞめ が 三羽。
雪 が ちらちら
降って いる。

ぴったり と

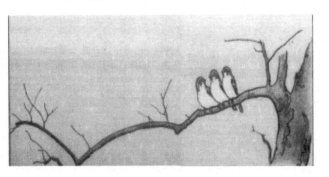

からだ を つけ合って、
並んだ すゞめ、
三羽 の すゞめ。

お前 の うち は
どこ に ある。
早く おかえり、
日 が くれる。

[十七] かきぞめ

正二日 始 書 筆墨紙 字 そ

お正月 の 二日 に、かきぞめ を しました。

始 に、私 が 書きました。お手本 の 「日本一のやま。」と いう ところ を 書きました。筆 に たっぷり 墨 を つけて、紙 に 向かいました。何となく、むね が どきどき しました。

思いきって、日 と いう 字 を 書きました。少し ゆがんだ ので、

「おとうさん、書きなおして も よう ございますか。」

と おたずねする と、

「まあ、おしまい まで 書いて ごらん。」

と おっしゃいました。

	おしまい まで 書いて から、見て いたゞきました。おとうさん は、
枚 教	「よく 書けた が、かな が 少し 小さい ね。心 を おちつけて、もう 一枚 お書き なさい。」 と おっしゃって、や の 字 の 書き方 を 教えて 下さいました。
ほめられました	二枚目 は、大そう よく 出來た と ほめられました。
弟	私 の 次 に、弟 が 書きました。それから、おとうさん が、長い 紙 に、むずかしい かん字 ばかり 十四 お書き に なりました。 みんな すんだ ので、おへや の かべ に はりました。 そこ へ おかあさん が おいで に なって、
順	「勇吉さん の も、順子さん の も、大そう よく 出來ました。」 と、ほめて 下さいました。

［十八］白兎

兎
陸

島 に いた 白兎 が、向こう の 陸 へ 行って
みたい と 思いました。

ある日、はまべ へ 出て 見る と、わにざめ が
いました ので、

仲
多

　「君 の 仲間 と 僕 の 仲間 と、どっち が
　　多い か、くらべて みよう。」

と いゝました。わにざめ は、

　「それ は おもしろかろう。」

連

と いって、すぐ に、仲間 を 大ぜい 連れて 來
ました。

白兎 は、それ を 見て、

負 かも知れ ない 背	「なるほど、君 の 仲間 は ずいぶん 多い な。これ では、僕ら の 方 が 負ける かも知れない。君ら の 背中 の 上 を 歩いて、かぞえて みる から、向こう の 陸 まで 並んで みたまえ。」 と いゝました。 わにざめ は、白兎 の いう とうり に 並びました。白兎 は、「一つ、二つ、三つ、四つ。」と かぞえて 渡って 行きました が、もう 一足 で 陸 へ 上ろう と いう 所 で、 「君ら は、うまく だまされた な。僕 は、こゝ へ 渡って 來たかった の だ。あはゝゝ。」 と いって 笑いました。 わにざめ は、それ を 聞く と 大そう おこりました。一番 しまい に いた わにざめ が、白兎 をつかまえて、からだ の 毛 を みんな むしり取って しまいました。白兎 は、痛くて たまりませんから、はまべ に 立って 泣いて いました。その 時、大ぜい の 神様 が お通り に なって、
毛 痛	

「お前、なぜ 泣いて いる の か。」
と お尋ね に なりました。白兎 が、今 まで の
こと を 申します と、神様 は、
「それなら、海 の 水 を あびて、ねて いる が
よい。」
と おっしゃいました。
白兎 は、すぐ 海 の 水 を あびました。
すると、痛み が 一そう ひどく なって、どう に
も たまらなく なりました。
そこ へ、大國主のみこと と いう 神様 が おい
で に なりました。この 方 は、さきほど お通り
に なった 神様方 の 弟さん です。兄様方 の 重
い ふくろ を かついで いらっしゃた ので、おそ
く おなり に なった の です。
この 大國主のみこと も、
「お前、なぜ 泣いて いる の か。」
と お尋ね に なりました。白兎 は、泣きながら、
また 今 まで の こと を 申しました。大國主の
みこと は、

「かわいそう に。早く 川 の 水 で からだ を
洗って、がま の ほ を しいて、その 上 に
ころがる が よい。」

と おっしゃいました。

白兎 が その 通り に します と、からだ は、す
ぐ もと の よう に なりました。喜んで 大國主
のみこと に、

「おかげさま で、すっかり なおりました。あなた
は、おなさけ深い お方 です から、後 には、
きっと えらい お方 に おなり でしょう。」

と 申しました。

白兎 の いった 通り、大國主のみこと は、その
後、えらい お方 に おなり に なりました。

[十九] 豆まき

今日は節分で、豆まきの日です。「今年からお前まけ。」と、おとうさんがおっしゃったので、僕はうれしくてたまりません。

おかあさんは、豆をたくさんいって、ますに入れ、神だなにお供えになりました。僕は、早く晩になればよいと思いました。

だんだんうすぐらくなると、あちらでも、こちらでも、豆まきの聲が聞えます。おとうさんが、

「良雄、うちでもそろそろ始めるかね。」

とおっしゃって、神だなからますを下して下さいました。

僕は、少しはずかしかったが、思いきって、

内
福

へ

「福 は 内、鬼 は 外。」
と 聲 を はり上げて、豆
を まきました。方々 の へ
や を まいて 歩
くと、妹や弟 が
後 から ついて 來
て、「きゃっ、き
ゃっ。」と、大さ
わぎ を して 豆
を 拾いました。

僕 も、おもしろく なって、だんだん 大きな 聲
を 出しながら、豆 を まきました。その中 に、
うっかり して、「鬼 は 内、福 は 外。」と いっ
た ので、みんな が どっと 笑いました。
しまい に、えんがわ に 出て、「鬼 は 外、鬼 は
外。」と いゝながら、豆 を 庭 に 向かって いせ
い よく まきます と、おかあさん が、雨戸 を
ぴしゃり と おしめ に なりました。
それから、みんな で、豆 を 年 の かず だけ た

べました。おかあさん　は、

　「これ　で、ほんとう　に　一つ　年　を　とった　の
　　です　よ。これ　から　もっと　**勉強**　しなければ
　　いけません。」

と　おっしゃいました。

［二十］三つ の つぼ

昔	昔、ある村 に、眞純(しんじゅん) と いう 兄と、華香(かこう) と いう 妹 が いました。おとうさん も、おかあさん も 早く なくなった ので、二人 は たがいに 助けあって、仲 よく くらして いました。 ある晩 の こと です。眞純 は、妹 の さけび聲で、目 を さましました。 おそろしい 山男 が、妹 を 引っぱって 行く ところ です。
姿	眞純 は、びっくりして おいかけました。しかし、山男 の 足 には かないません。だんだん おくれて、とうとう 山男 の 姿 を 見うしなって しまいました。
心 後 追	妹 を 氣ずかう 一心 で、眞純 は、山男 の 後を 追って、どんどん 山おく へ はいって 行きました。 山 は、だんだん ふかく なって、あたり には、大きな 木 が 生いしげり、高い 木 の 枝 に

は、風 が さびしく 吹いて います。けわしい 山道 を まがりまがって 行く 中 に、大きな 岩 の ある 所 に 出ました。

すると、岩かげ から、一人 の おじいさん が 出て 來ました。かみ も、ひげ も 銀 の ように まっ白な おじいさん です。

おじいさん は、眞純 を 見る と、にこにこ しながら、

「なかなか 元氣 だ。かん心 だ。」

と いゝました。

岩

銀

やさしい おじいさん に はげまされて、眞純 は、
すっかり 元氣 に なりました。そうして、なお も
進んで 行こう と しました。

「ちょっと お待ち。」

と 呼びとめて、おじいさん は、ふところ から、白
い 小さな つぼ を 出しました。そうして、

「これ を 上げる から、もし 困る こと が 出來
たら なげつけ なさい。」

と おっしゃいました。

眞純 は、ふしぎ に 思いながら いたゞきました。
それから、おじいさん は、青い つぼ と 赤い つ
ぼ を 出して、

「それ でも、なお 困る こと が あったら、始に
青い 方 を、次 に 赤い 方 を 投(な)げ なさ
い。」

と いって、わたしました。

頭 を 上げる と、もう、おじいさん の 姿 は 見
えません。眞純 は、

「あゝ、あの 方 は 神樣 に ちがい ない。」

と 思って、大そう 喜びました。

眞純 は、三つ の つぼ を 持って、どんどん 山おく へ 進んで 行きました。

しばらく 行く と、大きな 岩穴 の 前 に 出ました。中 を のぞく と、山男 が、「ぐう、ぐう」 いびき を かきながら ねむって います。そば で、妹 の 華香 が 泣いて います。眞純 は、「しめた。」 と、思わず ひとりごと を いゝました。

眞純 は、しばらく 中 の ようす を うかゞっていた が、とうとう 妹 を つれ出しました。

「さあ、一生けんめい に 逃げよう。」

二人 は、む中 で 走りました。

間 も なく、山男 が 追っかけて 來ました。二人 は、一生けんめい に 逃げました。しかし、いくら 走って

今にも 投 包	も、山男 には かないません。だんだん 追いつかれて、今 にも、つかまりそう に なりました。 眞純 は、「今 だ。」 と、山男 めがけて、白い つぼ を 投げつけました。 見る 間 に、大きな 川 が 出來て、ごうごう と 音 を たてて 流れ出しました。鬼 の ような 山男 も、川 を こす こと は 出來ません。その 間 に、二人 は 遠く の 方 へ 逃げました。けれども、二人 は だんだん つかれて、思う よう に 走れなくなりました。 その中 に、また も 追いつかれそう に なりました。今度 は、青い つぼ を 投げつけました。すると、道 一ぱいに いばら が 生いしげりました。 山男 は、いばら に ひっかゝって、もがいて います。眞純 は、山男 めがけて、赤い つぼ を 投げつけました。 つぼ は、たちまち 火 に なって、いばら の やぶ に もえつきました。山男 は、見る 間 に、火に 包まれて しまいました。その すき に、眞純 と

華香 は どんどん 走って、ぶじ に 家 に 逃げかえる こと が 出來ました。

［二十一］ひなまつり

官女	まっかな もうせん、ひ の もうせん、 金 の びょうぶ に、だいり様、 五人ばやし や 官女たち。

かわいゝ ぼんぼり、
桃 の 花、
あられ ひしもち
お白酒、
供えて 今日 の
ひなまつり。

友だち 呼んで、
にぎやか に、
お話 したり、歌ったり。
おひな様 も うれしそう。

[二十二] 北風 ト 南風

北 南	北風 ト 南風 ハ、大ソウ 仲 ガ ワルイ ヨウ デ ス。
冬	冬 ノ 間 ハ、寒イ 北風 ガ ビウビウ ト 吹キマ ワリマス。ソウシテ、雪 ヤ アラレ ヲ 降ラセタ
タリータ リ	リ、水 ヲ コウラセタリ シマス。

暖	シカシ、北風 ガ 少シ ユダン ヲ シテ イル ト、 暖イ 南風 ガ ソット ヤッテ 來マス。ソウシテ、
作 氷 池	北風 ノ 作ッタ 雪 ノ 山 ヤ 氷 ノ 池 ヲ、少シ デモ トカソウ ト シマス。スルト、北風 ハ スグ 南風 ヲ 追イハライマス。
終 近	コンナ コト ヲ 何ベン モ クリカエシテ イル 中 ニ、冬 ガ 終 ニ 近ズイテ 來マス。ソウシテ、

半眠

今 マデ ハ、半分 眠ッテ デモ イル ヨウ ニ、弱イ 光 ヲ 出シテ イタ オ日様 ガ、ダンダン 暖イ 光 ヲ 送ルヨウ ニ ナリマス。

コウ ナッテ 來ル ト、南風 ハ、モウ 前 ノ ヨウ ニ 負ケテ バカリ ハ イマセン。

「北風、オ前 ハ モウ 北 ノ 國 ヘ カエッテ シマエ。」

ト、南風 ガ イヽマス。スルト、北風 ハ、

「ナアニ、マダ オ前 ノ 出テ 來ル 時 デハ ナイ。ワタシ ハ、モウ 一度 オ前 ヲ 追イハラッテ、野 ヤ 山 ヲ マッ白 ニ シテ ヤル。」

ト 答エマス。ソウシテ、アリッタケ ノ カ ヲ 出シテ、南風 ヲ 追立テマス。野 ヤ 山 ガ、マタ 雪デ マッ白 ニ ナリマス。

シカシ、南風 ハ スグ ニ 元氣 ヲ モリカエシマス。ソウシテ、南 ノ 國 カラ 大ゼイ ノ 仲間 ヲ 連レテ 來テ、北風 ヲ ドシドシ ト 追イマクリマス。雪 デモ、霜 デモ、氷 デモ、カタハシ カラ トカシテ、野 ヤ 山 ヲ 暖ク シマス。暖イ 雨 ヲ 何ベン カ 降ラセマス。スルト、草 ヤ 木 ガ ダンダン ト 芽 ヲ フキ、花 ノ ツボミ ガ フクランデ 來マス。

南風 ハ イ丶マス。

「北風 ガ、霜 ヤ 雪 デ、野山 ヲ マッ白 ニ シタ カワリ ニ、ワタシ ハ、赤イ 花 ヤ ミドリ ノ 若草 デ、野山 ヲ カザッテ 見セヨウ。」

【二十三】お池 の ふな

底 春	ふな が、お池 の 底 で、春 を 待って いました。 ある日、ふと 見る と、頭 の 上 が、ぼうっと あかるく 見えます。ふな は、「おやっ。」 と 思って、明かるい 方 へ 泳いで 行きました。
明 泳 破	「やあ、てんじょう が 破れて いる。大へん、大へん。」 ふな は、大聲 で いゝました。
鯉	鯉 が、おどろいて 近よって 來ました。 「ふな君、なんで さわいで いる の だ。」 「鯉君、大へん だ。あれ、てんじょう が 破れて いる。」 鯉 は、しずか に 見上げました。なるほど、頭 の 上 が、ぼうっと 明かるくなって います。
配	「ふな君、心配(しんぱい) しなくても いゝ。春 に なって、氷 が とけはじめた の だ よ。」 鯉 は、しんせつ に 教えました。 春 に なった と 聞いて、ふな は うれしくて た

まりません。尾 や ひれ を 動かしながら、廣い
池 の 中 を 泳ぎまわりました。

尾
廣

[二十四] 富士 の 山

富士

あたま を
　雲 の 上 に 出し、
四方 の 山 を
　見おろして、
かみなりさま を
　下 に 聞く、
富士 は
　日本一 の 山。

靑空　高く
　　そびえ立ち、
からだ　に
　　雪　の
　　着物
　　きて、
かすみ　の
　　すそ　を
　　遠く　ひく、
富士　は
　　日本一　の　山。

[二十五] 羽衣

衣 寄 返	白い　はまべ　の 松原　に、 波　が　寄せたり、 返したり。 かもめ　すいすい とんで　行く、 空　に　かすんだ 富士　の　山。 一人　の　りょうし　が、三保(みほ)　の　松原　へ　出て　來ました。 りょうし「あゝ、よい　お天氣　だ。そうして、まあ、 　　　　　　何　と　いう　よい　けしき　だろう。」 けしき　に　見とれながら　歩いて　いますと、どこから　か、よい　におい　が　して　來ました。ふと　見ると、向こう　の　松　の　枝　に、何　か　きれいな物　が　かゝって　います。 りょうし「おや、あれ　は　何　だろう　な。」

りょうし は、そば へ 寄って、よく 見ました。

りょうし「着物 だ。こんな きれいな 着物 は、まだ
　　　　見た こと が ない。持って かえって、う
　　　　ち の たから物 に しよう。」

りょうし は、その 着物 を 取って、持って 行こ
う と しました。すると、その 松 の 木 の 後
から、一人 の 女 が 出て 來ました。

女　　「もし、それ は 私 の 着物 で ございま
　　　　す。どうして お持ち に なる の で ござ
　　　　います か。」

りょうし「いや、これ は わたし が 拾った の で
　　　　す。持って かえって、うち の たから物
　　　　に しよう と 思います。」

女　　「それ は、天人 の 羽衣 で、あなた方 に
　　　　は ご用 の ない 物 で ございます。ど
　　　　うぞ、お返し 下さいませ。」

りょうし「天人 の 羽衣 なら、なおさら お返し は 出
　　　　來ません。日本 の たから物 に します。」

天人　　「それ が ない と、私 は 天 へ かえる

悲	こと が 出來ません。どうぞ、お返し 下 さいませ。」 りょうし「いや、いけません。返されません。」 りょうし は、どうして も 返しません。天人 は、悲しそうな 顔 を して、じっと 空 を 見上げました。 天人 の しおれた ようす を 見て、りょうし も きのどく に 思いました。 りょうし「あんまり おきのどく です から、羽衣 を お返し いたしましょう。」 天人 「それ は ありがとう ございます。では、こ ちら へ いたゞきましょう。」 りょうし「お待ち 下さい。その 代り に、天人 の まい を まって 見せて 下さいませ んか。」 天人 「おかげ で 天 へ かえられます。おれい に まい を いたしましょう。でも、その 羽衣 が ない と、まう こと が 出來ま せん。」

りょうし 「と いって、羽衣 を お返し したら、あ
　　　　なた は、まわず に かえって おしまい
　　　　に なる でしょう。」

天人　　「いゝえ、天人 は けっして うそ を 申し
　　　　ません。」

りょうし 「あゝ、はずかしい こと を 申しまし
　　　　た。」

りょうし は 羽衣 を 返しました。天人 は、それ
を 着て、しずか に まい始めました。

天人　　「月 の 都 の
　　　　天人たち が、
黑　　　黑い 衣 の
　　　　そろい で まう と、
　　　　月 は まっ黑、
夜　　　やみ の 夜。
　　　　月 の 都 の
　　　　天人たち が
　　　　白い 衣 の
　　　　そろい で

圓

　　　　　まう　と、

　　　　　　　月　は　十五夜、

　　　　　　　まん圓い。」

天人　は、まいながら　だんだん　天　へ　上って　行
きました。

　　　　　右　に、左　に
　　　　　ひらひら　と、
　　　　　動く　たもと　の
　　　　　美しさ。

　　　　　白い　はまべ　の
　　　　　松原　に、
　　　　　波　が　寄せたり、
　　　　　返したり。

いつ の 間 に やら
天人 は、
春 の かすみ に
包まれて。

かもめ すいすい
とんで 行く、
空 に ほんのり
富士 の 山。

式朝鮮宮拾者友女消聲晚竹江鬼都夭樣強
畫道深谷渡進酒弱喜受若尋殺鐵番兵困休
野夜次身拔切落原吹急寒旅顏送勉夏內京
唱歌並列着机孝郎隊信僕民治引營服答近
停場軍汽乘降合正始書筆墨紙字枚敎弟順
兔陸仲多連負背毛痛申主兄重後豆節分供
良福昔姿心追銀穴逃投包官桃北南冬暖作
氷池終半眠霜草底春明泳破鯉配尾廣富士
衣寄返用悲黑圓

終

昭和十五年九月二十五日翻刻印刷
昭和十五年九月二十八日翻刻發行

著作權所有

發行

著作兼發行者　朝鮮總督府

著作權所有

發行

印刷發行者　京城府大島町三十八番地
　朝鮮書籍印刷株式會社
　代表者　井上主計

印刷者　京城府大島町三十八番地
　朝鮮書籍印刷株式會社

初等國語四
き

定價金十八錢

▶ 찾아보기

편자소개(원문서)

김순전 金順槇

소속 : 전남대 일문과 교수, 한일비교문학·일본근현대문학 전공

대표업적 : ①저서 : 『韓日 近代小說의 比較文學的 硏究』, 태학사, 1998년 10월

②저서 : 『일본의 사회와 문화』, 제이앤씨, 2006년 9월

③저서 : 『조선인 일본어소설 연구』, 제이앤씨, 2010년 6월

박제홍 朴濟洪

소속 : 전남대 일문과 강사, 일본근현대문학 전공

대표업적 : ①논문 : 「메이지천황과 學校儀式敎育-국정수신교과서를 중심으로」, 『일본
어문학』 28집, 한국일본어문학회, 2006년 3월

②논문 : 『보통학교수신서』에 나타난 忠의 변용, 『일본문화학보』 34집, 한
국일본문화학회, 2007년 8월

③저서 : 『제국의 식민지수신』-조선총독부 편찬 <修身書>연구- 제이앤씨,
2008년 3월

장미경 張味京

소속 : 전남대 일문과 강사, 일본근현대문학 전공

대표업적 : ①논문 : 「일제강점기 '일본어교과서' Ⅰ기·Ⅳ기에 나타난 동화의 변용」, 『日
本語文学』 52집, 한국일본어문학회, 2012년 3월

②편서 : 學部編纂 『日語讀本』 上·下, 제이앤씨, 2010년 7월

③저서 : 『수신하는 제국』, 제이앤씨, 2004년 11월

편자소개(원문서)

박경수 朴京洙

소속 : 전남대 일문과 강사, 일본근현대문학 전공

대표업적 : ①논문 : 「『普通學校國語讀本』의 神話에 應用된 <日鮮同祖論> 導入樣相」,
『일본어문학』 제42집, 일본어문학회, 2008년 8월

②논문 : 「임순득, '창씨개명'과 「名付親」-'이름짓기'에 의한 정체성 찾기-」
『일본어문학』 제41집, 일본어문학회, 2009년 6월

③저서 : 『정인택, 그 생존의 방정식』, 제이앤씨, 2011년 6월

사희영 史希英

소속 : 전남대 일문과 강사, 일본근현대문학 전공

대표업적 : ①논문 : 「일본문단에서 그려진 로컬칼라 조선」, 韓國日本文化學會, 「日本文化學報」 제41집, 2009년 5월

②저서 : 『『國民文學』과 한일작가들』, 도서출판 문, 2011년 9월

③저서 : 『제국일본의 이동과 동아시아 식민지문학』1, 도서출판 문, 2011년 11월

朝鮮總督府 編纂 『初等國語讀本』 原文 上

초판인쇄 2013년 2월 20일
초판발행 2013년 2월 28일

편 자 김순전 박제홍 장미경 박경수 사희영 공편
발 행 인 윤석현
발 행 처 제이앤씨
등록번호 제7-220호
책임편집 이신
마 케 팅 권석동

우편주소 132-702 서울시 도봉구 창동 624-1 북한산현대홈시티 102-1106
대표전화 (02) 992-3253(대)
전 송 (02) 991-1285
홈페이지 www.jncbms.co.kr
전자우편 jncbook@hanmail.net

ⓒ 김순전 외 2013 All rights reserved. Printed in KOREA

ISBN 978-89-5668-941-8 94190 　　**정가** 23,000원
　　　978-89-5668-436-9 (전3권)